SHIJA AUTENTIKE E SANDUIÇIT ME DJATHË TË SHKRIRË

100 RECETA PËR SANDUIÇE ME DJATHË, TË GATUARA NË SKARË SIÇ I BËNTE GJYSHJA

Leonora Muka

Të gjitha të drejtat e rezervuara.

Mohim përgjegjësie

Informacioni i përmbajtur në këtë eBook ka për qëllim të shërbejë si një koleksion gjithëpërfshirës i strategjive për të cilat autori i këtij libri elektronik ka bërë kërkime. Përmbledhjet, strategjitë, këshillat dhe truket janë vetëm rekomandime nga autori, dhe leximi i këtij libri elektronik nuk do të garantojë që rezultatet e dikujt do të pasqyrojnë saktësisht rezultatet e autorit. Autori i librit elektronik ka bërë të gjitha përpjekjet e arsyeshme për të ofruar informacion aktual dhe të saktë për lexuesit e librit elektronik. Autori dhe bashkëpunëtorët e tij nuk do të mbajnë përgjegjësi për ndonjë gabim ose lëshim të paqëllimshëm që mund të gjendet. Materiali në eBook mund të përfshijë informacione nga palë të treta. Materialet e palëve të treta përbëhen nga mendimet e shprehura nga pronarët e tyre. Si i tillë, autori i librit elektronik nuk merr përsipër përgjegjësi ose përgjegjësi për ndonjë material ose opinion të palëve të treta.

Libri elektronik është me të drejtë autori © 2022 me të gjitha të drejtat e rezervuara. Është e paligjshme rishpërndarja, kopjimi ose krijimi i veprës së derivuar nga ky eBook tërësisht ose pjesërisht. Asnjë pjesë e këtij raporti nuk mund të riprodhohet ose ritransmetohet në çfarëdolloj riprodhimi ose ritransmetimi në çfarëdo forme pa lejen e shkruar dhe të nënshkruar nga autori.

TABELA E PËRMBAJTJES

TABELA E PËRMBAJTJES 4

PREZANTIMI 8

PSE TË GJITHË E DUAM SANDUIÇIN ME DJATHË TË PJEKUR NË SKARË 8
BËRJA E SANDUIÇEVE ME DJATHË TË PJEKUR NË SKARË 10
ZGJEDHJA E DJATHIT 11

DJATHË I PJEKUR NË SKARË 18

1. RICOTTA GRANOLA CRUMBLE DJATHË I PJEKUR NË SKARË 19
2. LASAGNA DJATHË I PJEKUR NË SKARË 23
3. DJATHË KLASIK ITALIAN I PJEKUR NË SKARË 26
4. DJATHË I PJEKUR NË SKARË ME QOFTE MESDHETARE 29
5. PESTO ME SPINAQ DHE DJATHË AVOKADO TË PJEKUR NË SKARË 32
6. DJATHË I PJEKUR NË SKARË ME PROSHUTË BORZILOKU ME LULESHTRYDHE
   35
7. GJALPË RIKOTA DHE DJATHË I PJEKUR NË SKARË 37
8. DJATHË I PJEKUR NË SKARË ME PULË BUALLI 40
9. DJATHË I PJEKUR NË SKARË PICA VEGJETALE 43
10. DJATHË I PJEKUR NË SKARË ME PULË DHE VAFLA 47
11. CHEDDAR & SOURBOUGH DJATHË I PJEKUR NË SKARË 50
12. SANDUIÇ ME DJATHË TË PJEKUR NË SKARË 53
13. SPINAQ & KOPËR HAVARTI MBI BUKË 55
14. JACK I PJEKUR NË THEKËRME MUSTARDË 58
15. RADICCHIO & ROQUEFORT NËPAIN AU LEVAIN 61
16. DJATHË I PJEKUR ME HUDHËR NË THEKËR 64
17. BRITANIKEDJATHË I SHKRIRË & TURSHI 67
18. MOCARELA E FRESKËT, PROSHUTO & REÇEL FIKU 69
19. MISH I RRALLË I PJEKUR ME DJATHË BLU 72
20. LEICESTER I KUQME QEPË 75
21. SPINAQ & KOPRA HAVARTIMBI BUKË 78

22. Fytyrë e hapurÇedër i pjekur në skarë&Turshi i koprës............81
23. Harry's Bar Special..83
24. Crostinialla Carnevale...86
25. Brusketanga një Ulli...89
26. Casse Croûte me djathë blu dhe Gruyère........................92
27. Crisp Truffled Comteme Chanterelles Zi.........................95
28. Dolli me djathë dhieme Erëza......................................99
29. Sanduiçe Roquefort&Marmelatë panxhar.....................102
30. Bocadillo nga ishulli Ibiza...106
31. KlubiE pjekur në skarëSanduiç...................................110
32. Uellsia Rarebitme vezë të ziera..................................114
33. Proshutë, djathë dhe ananas të pjekur në skarë.................118
34. Një muffaletta e nxehtë...122
35. Sanduiç kuban..125
36. Djathë parizian i pjekur në skarë.................................129
37. BocadillongaIshulli Ibiza..131
38. Domate dhe djathë Mahon mbi bukë ulliri.....................135
39. Emmentaler & DardhëSanduiç....................................138
40. Pumpernickel dhe Gouda të pjekura në skarë.................141
41. Djathi Mahon mbi bukën e ullirit të zi..........................144
42. Turqia e tymosur, Taleggio dheGorgonzola..................147
43. Jarlsberg i shkrirëmbi brumin e thartë..........................150
44. Torta e pulës, Queso Fresco dhe Gouda.......................153
45. Panini iPatëllxhan Parmigiana...................................157
46. Patëllxhanë dhe Chaumes të pjekur në skarë,.................161
47. Kërpudha dhe djathë i shkrirë nëPain au Levain..............166
48. sicilianeDjathë i zierme Kaperi& Angjinarja..................170
49. Skalopinasanduiç & Pesto...173
50. Sanduiçe Quesadillas, Piadine & Pita..........................177
51. Mocarela,Basil Piadine..180
52. Quesadillas në Tortillas me Kungull............................183
53. Pepperoni, Provolone & Pecorino Pita!........................188
54. Quesadillas djathë dele të pjekur në skarë.....................191
55. Cheddar i pjekur në skarë, Chutney & Salsiçe................193

56. PROSHUTO & TALEGGIO ME FIQ NË MESCLUN.................196
57. FONTINAME RUKOLËN, MIZUNA& DARDHA....................200
58. CHÈVRE SANDUIÇENË SALLATË......................204
59. SANDUIÇE HALLOUMI TË ZIERAME GËLQERE...............207
60. TARTUFIDOLLI&SALLATË RUKOLE..........................210
61. TOST ME LULESHTRYDHE DHE KREM DJATHI...............213
62. PUDING BUKESANDUIÇE................................217
63. BURGER ME DRITHËRA DHE DJATHË........................222
64. BURGER ZI ANGUS ME DJATHË ÇEDËR......................225
65. SANDUIÇ ME DJATHË AMERIKAN DHE DOMATE TË PJEKUR NË SKARË..228
66. MOLLË DHE DJATHË TË PJEKUR NË SKARË.................230
67. PARCELA ME PATËLLXHANË DHE DJATHË TË PJEKUR NË SKARË........232
68. SANDUIÇE ME DJATHË BLU TË PJEKUR NË SKARË ME ARRA...............235
69. SANDUIÇE ME DJATHË ÇEDËR DHE PROSHUTË TË PJEKUR NË SKARË....238
70. PARTY DJATHË DHE PROSHUTË TË PJEKUR NË SKARË......................241
71. BRUSKETA ME DJATHË TË PJEKUR NË SKARË...................243
72. KAFSHËT E DJATHIT TË PJEKUR NË SKARË........................245
73. DJATHË I PJEKUR NË SKARË NË TOST FRANCEZ................247
74. BUKË DJATHI I PJEKUR NË SKARË........................249
75. BYREK SANDUIÇ ME DJATHË TË PJEKUR NË SKARË.........................251
76. DJATHË I PJEKUR NË SKARË ME ANGJINARE...................254
77. DJATHË I PJEKUR NË SKARË ME OLIVADA........................256
78. DJATHË I PJEKUR NË SKARË ME GJELIN E TYMOSUR DHE AVOKADO....258
79. PULË E PJEKUR NË SKARË MBI DOLLI ME DJATHË DHIE..................261
80. SANDVIÇ ME DJATHË TË PJEKUR NË SKARË........................264
83. GJOKS PULE ME DJATHË TË DYFISHTË TË PJEKUR NË SKARË.............267
84. FILETO VIÇI I PJEKUR NË SKARË ME DJATHË BLU..........................270
85. SANDUIÇE ME DJATHË FANTAZMË DHE KUNGUJ TË PJEKUR NË SKARË.275
86. DJATHË DHIE TË PJEKUR NË SKARË NË GJETHE RRUSHI TË FRESKËT.....279
87. DJATHË ITALIAN I PJEKUR NË SKARË...........................282
88. SANDUIÇ ME DJATHË DHE DOMATE ME FYTYRË TË HAPUR...............284
89. BRUMË I THARTË, DOMATE, DJATHË I KUQ DHE BLU....................286
90. PORTOBELLO PO'DJEMTË............................289
91. SANDUIÇE TË LËMUARA BULGUR.........................292

92. Sanduiçe Muffaletta...295
PJATAT ANËSORE..**298**
   93. Supë domate...299
   94. Kungull i njomë dhe bukë verore me kunguj........................303
   95. Speca të pjekura të ëmbla dhe të tharta.............................306
   96. Mustardë Chutney-curry..309
   97. Mustardë me qepe dhe qiqra..311
   98. Mustardë e freskët me xhenxhefil......................................313
   99. Mustardë e lagur nga dielli me agrume..............................315
   100. Mustardë provansale me piper të kuq dhe hudhër.............317
PËRFUNDIM..**319**

PREZANTIMI

Pse të gjithë e duam sanduiçin me djathë të pjekur në skarë

I thekur thellë në tigan ose i zier me fytyrë të hapur deri në një pjatë të shkrirë, ka pak gjëra më tërheqëse se një sanduiç me djathë të pjekur në skarë.

Tosti me ngjyrë kafe të artë troket nga jashtë ndërsa e kafshoni, duke nxjerrë djathin e tij të butë, të nxehtë dhe që rrjedh. Ju merrni një vrull kënaqësie dhe një dridhje të të ndaluarës dhe të njohurës: atë krokantësinë me gjalpë të bukës prej dheu me shtresën e saj të djathit të ngrohtë të shkrirë. Djathi dhe buka e thekur me gjalpë mund të jenë një luks dietik këto ditë, ndoshta edhe tabu për disa; megjithatë sanduiçet me djathë të pjekur në skarë janë ekuivalenti kulinar i një batanije rehati. Një sanduiç me djathë i pjekur në skarë është ndoshta ajo që ju ka ushqyer nëna juaj, ju ka ushqyer shkolla dhe ju ka ushqyer fëmijëria. Dhe thjesht mund të jetë ajo që ushqeni veten, miqtë dhe familjen e ngushtë, të paktën herë pas here.

Sanduiçet me djathë të pjekur në skarë mund të jenë një nga gjërat më të thjeshta për t'u bërë, diçka që mund ta bëni pothuajse në çdo orë me përbërës pikërisht në kuzhinën tuaj, në më pak se pak minuta. Mëngjesi, dreka, darka, pas shkollës ose rostiçeri në mesnatë … të gjitha janë koha e përsosur për një sanduiç me djathë të pjekur në skarë.

Bërja e sanduiçeve me djathë të pjekur në skarë
Nuk keni nevojë vërtet për gizmo të veçanta, megjithëse ka disa të bukura që krijojnë një pamje të freskët jashtë me djathë të shkrirë brenda. Ka presa që shtrydhin role të yndyrshme, të shkëlqyera për panine italiane, sanduiçe kubane, bokadillo dhe djathë të thjeshtë të vjetër të pjekur në skarë. Dhe ka prodhues sanduiçësh që shtypin skajet e jashtme të bukës fort, fort, oh aq fort së bashku për të mbyllur djathin e shkrirë të nxehtë të shkrirë. (Këto të fundit ishin shumë të njohura në Britaninë e Madhe në vitet gjashtëdhjetë - më thonë se nuk kishte një familje pa një të tillë.) Por në të vërtetë, një tigan i mirë i rëndë - mundësisht jo ngjitës - bën mashtrimin për sanduiçet me djathë të pjekur në skarë dhe një brojler. funksionon në mënyrë perfekte për ato me fytyrë të hapur.

Megjithëse sanduiçet me djathë të pjekur në skarë nuk mund të jenë më shumë se bukë dhe djathë i pjekur në tigan, një zbukurim i vogël i çon ato në një plan krejtësisht tjetër: stimulues, emocionues, guxoj të them, emocionues?

Pak mund t'i rezistojnë një tundimi të tillë të freskët, të artë, që rrjedh; E di që nuk mundem kurrë.

Zgjedhja e Djathit

Kriteri kryesor për zgjedhjen e djathit tuaj është nëse ai shkrihet apo jo.

Jo të gjithë djathrat shkrihen. Djathërat hispanikë si panela nuk shkrihen; as anari qipriot, hallumi, apo djathë mali italian si ai që hëngra dikur në Asiz të pjekur në zjarr të hapur. Djathëra të tillë shërbehen të shijshëm të cëcëritës më vete, por janë të padobishëm në sanduiçe me djathë të pjekur në skarë.

Nga ana tjetër, djathrat shumë kremoz, delikate në aromë, të butë dhe prej kadifeje në teksturë, gati po shkrihen tashmë. Ata nuk e ruajnë karakterin dhe integritetin e tyre brenda një sanduiçi me djathë të pjekur në skarë. Bashkojini ato me një djathë tjetër më të fortë, më të sigurt dhe më të shijshëm.

Shumica e djathrave të fortë në feta janë lojë për pjekje në skarë dhe mund të përdoren në mënyrë të ndërsjellë me të tjerë të karakterit të ngjashëm.

Për të ndihmuar në zgjedhjen, këtu është një mini-udhëzues i llojeve të djathit, të kategorizuar sipas shijes dhe strukturës.

- A. DJATHAT E PAPUR nuk i nënshtrohen një procesi pjekjeje. Këto përfshijnë gjizën, kremin e djathit, mascarpone, djathin e butë të dhisë, fromage blanc, Quark, panir indian, Robiola, Spanjoll dhe Hispanic Requeson, ricotta, ose djathi i thjeshtë i kosit, labna. Ato janë të buta, qumështore dhe të buta; nëse përdoren në sanduiçe me djathë të pjekur në skarë, ato priren të funksionojnë në mënyrë të pakontrolluar, kështu që duhet të kombinohen me një djathë më të fortë dhe më të fortë.
- B. Mozzarella e freskët, nga ana tjetër, ishte krijuar për t'u shkrirë në vargje joshëse të përtypur, në stilin e picës. Përshtatet mirë me domate, hudhër dhe shije italiane, si dhe salsa meksikane, ose me erëza me kerri indiane.
- C. Djathi FETA është një djathë gjysmë i freskët i bërë nga gjiza e shtypur; shkrihet pjesërisht dhe është i shijshëm në sanduiçe me djathë të pjekur në skarë kur

shoqërohet me djathëra të tjerë më të shkrirë si Jack ose mocarela.

D. **DJATHAT E DYFISHTE DHE TË TRISHTE CRÈME** janë pasuruar shumë me krem. Për sanduiçet me djathë të pjekur në skarë, këto janë më mirë të shtrohen thjesht në tost të nxehtë dhe të lihen të shkrihen butësisht nga nxehtësia e bukës, në vend që të gatuhen në një tigan.

E. Djathërat e butë, të butë dhe të shkrirë lehtësisht janë të butë në shije, butësisht të zhdërvjellët dhe gjysmë të fortë në strukturë. Lista përfshin holandezët Edam dhe Gouda, mennonita hispanike dhe Asadero, Bel Paese, Muenster dhe vendase ose daneze. Provolone, provatura dhe scamorza janë të gjithë djathëra të butë italianë, të bërë shpesh në ëmbëlsirën klasike romake të djathit të pjekur në skarë: të shtresuara mbi bukë, të mbushura me një ose dy açuge, më pas të ziera derisa të skuqen.

F. **DJATHAT E BUTA, ME SHUMË TË PJEKUR** përfshijnë Reblochon, Tommes, Chaumes dhe Tomme de Montagne, si dhe djathrat e manastirit. Të zhvilluara gjatë shekujve në manastiret e Evropës, ato përfshijnë Port Salut, Saint Paulin, Esrom, Tilsit dhe Havarti. Ata janë të pasur dhe delikat; disa, të tilla si Taleggio dhe e gjithë familja Stracchino, kalojnë në kategorinë mjaft të pasur dhe gjithnjë kaq të qelbur—ndonëse të shijshme—.

G. Djathrat e stilit Zviceran zakonisht kanë lëvozhgë të fortë të fortë dhe brendësi të mbushura me vrima të shkaktuara nga zgjerimi i gazit brenda gjizës së djathit gjatë periudhës së pjekjes.

H. DJATHAT E FUNDIT, ME AROM TË PLOTË janë të artë dhe me shije, por jo të qelbur; këto djathra shkrihen në mënyrë të shijshme. Mund të jenë qumësht lope, dhie ose dele, ose një kombinim i të treve. Manchego spanjolle, Asiago e mesme, Mahon, Gouda e moshës, Idiazabal, Ossau Iraty Brebis, fontina italiane, caciocavallo, Montasio, tomme de Savoie dhe mezzo secco e këndshme e Ig Vella-s, ose një Sonoma Jack pjesërisht e moshuar - të gjitha ia vlen të kërkohen.

I. Djathrat e stilit CHEDAR janë disa nga djathrat më të prodhuar në botë. Një shembull i mirë i djathit do të jetë i fortë në cilësi, me një shije të qartë dhe të butë. Kur është i ri, Cheddar është i butë, i butë dhe disi gome; ndërsa piqet, zhvillon një pickim të mprehtë dhe të mprehtë, si dhe një element të thërrmimit të thatë.

J. DJATHAT ANGLISHTë si Gloucester, Cheshire, Leicester, Lancashire, Derby, Wensleydale dhe Caerphilly i përkasin të gjithë familjes Cheddar. Wensleydale dhe Caerphilly, sidoqoftë, janë më të tanger dhe më të shkrifët, më pak të shkrirë (bashkojini ato me një djathë më kremoz për sanduiçe me djathë të pjekur).

K. DJATHAT EKSTRA-FORTË, si parmesani, Asiago i vjetëruar, locatelli Romano, pecorino (i bërë nga qumështi i deleve), djathrat e malit nga ishujt grekë si kofalotiri, grana, Jack thatë, Sbrinz, Cotija dhe Enchilado janë të gjithë të njohur për cilësi e fortë dhe shija e tyre e fortë dhe e mprehtë. Disa - si parmixhani - kanë një aromë pak arrë. Shumica e këtyre djathrave duhet të grihen hollë ose të rruhen për shkrirjen optimale.

L. Djathrat ME DAMA BLU karakterizohen nga një mish me damar blu, blu-jeshile ose jeshile, si dhe aroma të athëta dhe shije të mprehta.

M. DJATHAT ME LULESHME OSE ME LULE ME LULE, si Camembert, Brie, Coulommiers dhe Affinois/pavé d'Affinois janë quajtur kështu për shkak të lëvozhgës së bardhë me push të lehtë që rritet në sipërfaqet e tyre, si rezultat i trajtimit të tyre me spore kandidate Penicillium. Pjesa e brendshme e këtyre djathrave duhet të jetë e butë dhe me ngjyrën e sanës ose kremit të pasur.

N. Djathrat e dhisë dhe të deleve janë dukshëm të ndryshëm në shije nga djathrat e qumështit të lopës. Në përgjithësi, ata kanë një erë të oborrit. Ato mund të jenë të freskëta dhe të mprehta, ose të formuara dhe të vjetra në forma dhe madhësi të ndryshme.

O. DJATHËT ME MEROZE OSE ME AROZE mund të jenë të pacipë dhe vulgarë në një dërrasë djathi, por janë përsosmëria e shkrirë mes kapakut të bukës.

P. Djathrat e Tymosur mund të jenë çdo lloj djathi, i trajtuar me tym druri. Provolone dhe mocarela janë të mira për pirjen e duhanit (dhe janë veçanërisht të mira në një sanduiç me qepë të karamelizuara në pak uthull balsamike).

Q. Djathrat me erë të fortë, të tilla si Limburger, Bishop me erë të keqe, Maroilles, Livarot, Pont l'Eveque dhe Epoisses, mund të mos jenë shtesa të shoqërueshme për çdo sanduiç djathi të pjekur në skarë, por të rrahura midis fetave të holla të pompernikelit të zi me feta të holla letre. qepë, ose shtresohet mbi bagutë të thekur.

R. Djathi i përpunuar zakonisht bëhet nga një ose dy lloje të ndryshme djathi të përziera së bashku, më pas rrotullohen dhe ngrohen. Si rezultat, procesi i pjekjes së tij ndalet. Nuk mund të zhvillojë kurrë karakter individual, sepse mikroorganizmat që krijojnë gjëra të tilla humbasin në përpunim.

DJATHË I PJEKUR NË SKARË

1. Ricotta Granola Crumble Djathë i pjekur në skarë

Përbërësit:

- 15 oz. Rikota
- 4 vezë
- 1/2 filxhan qumësht
- 8 feta pancete
- 1 qepë e vogël e kuqe, e prerë hollë
- 5 lugë gjalpë të zbutur, të ndara
- 1/2 filxhan sheqer kaf
- 2 gota granola
- 8 feta bukë me kanellë

Drejtimet;

a) Rrihni vezët me qumësht dhe lërini mënjanë.

b) Shtoni pancetën në tiganin e nxehur më parë dhe gatuajeni derisa të jetë e freskët në nxehtësi mesatare të lartë. Hiqeni dhe lëreni mënjanë.

c) Hidhni qepët në tiganin e parangrohur me 1 lugë gjelle gjalpë. Pasi qepët të fillojnë të ziejnë, shtoni sheqer kaf dhe gatuajeni derisa të zbuten.

d) Shtoni granola në një tas dhe vendoseni pranë tasit me vezë.

e) Shtroni fetat e bukës dhe lyeni me gjalpë në njërën anë të çdo fete, duke përdorur gjithsej 2 lugë gjalpë. Në anën e pa lyer, shtroni një shtresë të trashë rikota.

f) Sipër rikotën me qepë dhe pancetë dhe mbulojeni me fetën e mbetur të bukës. Kur të mbyllet, zhytni të gjithë sanduiçin në përzierjen e vezëve dhe transferojeni në granola për të lyer plotësisht të gjitha anët.

g) Ngrohni paraprakisht një tigan që nuk ngjit dhe shkrini 2 lugë gjelle gjalpë duke përdorur nxehtësinë e ulët deri në mesatare. Pasi gjalpi të jetë shkrirë, shtoni sanduiçin dhe gatuajeni për rreth 90 sekonda, duke e shtypur me një shpatull. Kthejeni dhe përsërisni derisa të jetë e freskët. E heqim, e presim dhe e servirim.

2. Lasagna Djathë i pjekur në skarë

Përbërësit:

- 16 oz. Mocarela, e prerë në feta
- 15 oz. Rikota
- 2 lugë gjelle Parmixhan të grirë, të ndarë 1/2 lugë çaji piper të zi
- 1 lugë çaji hudhër të freskët, të copëtuar
- 16 oz. mish viçi i bluar
- 1 lugë gjelle borzilok të freskët, të përzier
- 8 feta buke italiane
- 2 lugë gjalpë të zbutur
- 1 lugë çaji pluhur hudhër
- 16 oz. salcë domatesh, e ndarë

Drejtimet:

a) Në një tas përzieni rikotën, 1 lugë parmezan, piper të zi, hudhrën dhe borzilokun. Le menjane.

b) Nxehni një tigan të madh mbi nxehtësinë mesatare-të lartë. Gatuani dhe përzieni mishin e grirë derisa të skuqet plotësisht, përafërsisht 7-10 minuta.

c) Shtroni bukën, gjalpin nga njëra anë dhe pudrosni me hudhrën pluhur dhe parmixhanin e mbetur.

d) Në anën e pa lyer me gjalpë të 4 pjesëve, shpërndani përzierjen e rikotës (rreth 1-2 lugë gjelle në secilën pjesë). Shtroni mishin e grirë të zier mbi rikotën, të ndjekur nga fetat e mocarelës. Mbi 4 copat e mbetura, lyeni 1-2 lugë salcë domate dhe vendoseni mbi mocarela për të mbyllur sanduiçet.

e) Zhvendoseni në një tigan të parangrohur në nxehtësi mesatare dhe gatuajeni për rreth 90 sekonda, duke e shtypur poshtë me një shpatull. Kthejeni dhe përsërisni derisa djathi të shkrihet dhe të marrë ngjyrë kafe të artë.

f) Hiqeni, prisni dhe shërbejeni me salcën e mbetur të domates për ta zhytur ose mbuluar sanduiçin.

3. Djathë klasik italian i pjekur në skarë

Përbërësit:

- 16 oz. Mocarela, e prerë në feta
- 2 lugë gjelle Parmixhan të grirë
- 4 petka salsiçe
- 1 spec jeshil, i prere ne feta holle
- 1 spec i kuq i prere holle
- 1 qepë e vogël, e prerë hollë
- 1/4 filxhan vaj ulliri
- 3/4 lugë çaji pluhur hudhër
- 8 feta buke italiane
- 2 lugë gjalpë të zbutur

Drejtimet:

a) Gatuani petat e sallamit në një temperaturë të brendshme prej 165 gradë F në skarë ose në një tigan grill.

b) Vendosni specat dhe qepët e prera në një tepsi. Lyejeni lehtë me vaj dhe pluhurosni me hudhër pluhur. Piqni në 375 gradë F për 10 minuta derisa të zbuten.

c) Shtroni fetat e bukës dhe lyeni me gjalpë në njërën anë. Spërkateni anën e lyer me gjalpë me hudhër pluhur dhe parmixhan.

d) Nga ana e pa lyer me gjalpë, shtroni një fetë mocarela, salçiçe, speca dhe qepë dhe përfundoni me më shumë mocarela.

e) Mbylleni sanduiçin dhe vendoseni në një tigan që nuk ngjit në nxehtësi mesatare. Gatuani për rreth një minutë, duke shtypur me një shpatull.

f) Kthejeni dhe përsërisni derisa djathi të shkrihet dhe të marrë ngjyrë kafe të artë. E heqim, e presim dhe e servirim.

4. Djathë i pjekur në skarë me qofte mesdhetare

Përbërësit:

- 16 oz. Mocarela, e prerë në feta
- 15 oz. Rikota
- 2 lugë gjelle parmezan, të ndara
- 8 feta bukë italiane të prera trashë
- 2 lugë gjalpë të zbutur
- 16 oz. salce domatesh
- 4 oz. salcë pesto ose 12-16 gjethe borziloku të freskët, të përzier me 1/4 filxhan vaj ulliri
- 2 degë mente të freskët (rreth 12-16 gjethe), të copëtuara
- 8 – 2 oz. qofte të ngrira (të gatuara), të prera në feta

Drejtimet:

a) Shtroni fetat e bukës. Lyejeni gjalpin në njërën anë të secilës dhe pluhurosni 1 lugë parmezan në anët e gjalpit.

b) Kthejeni dhe në anët e pa lyer me gjalpë shtroni salcën e domates dhe një shtresë të trashë djathi rikota. Përhapeni peston mbi djathë, pasuar me nenexhik të copëtuar dhe parmixhanin e mbetur. Më pas, shtrojmë feta qofte dhe sipër me mocarela.

c) Mbylleni sanduiçin dhe zhvendoseni në një tigan të parangrohur që nuk ngjit. Gatuani për rreth 90 sekonda, duke e shtypur me një shpatull. Kthejeni dhe përsërisni derisa djathi të shkrihet dhe të marrë ngjyrë kafe të artë. E heqim, e presim dhe e servirim.

5. Pesto me spinaq dhe djathë avokado të pjekur në skarë

Përbërësit:

- 16 oz. Mocarela, e prerë në feta
- 15 oz. Rikota
- 1 lugë parmezan, i grirë në rende
- 2 lugë borzilok të freskët, të grirë imët
- 8 feta bukë thekre mermeri
- 2 lugë gjalpë të zbutur
- 1 - 8 oz. paketoni spinaqin e ngrirë, të shkrirë dhe të kulluar
- 2 avokado (të pjekura), të prera dhe të prera në feta

Drejtimet;

a) Në një tas të vogël përziejeni rikotën, peston dhe djathin parmixhano dhe përzieni me pirun derisa të përzihen. Palosni për ta bërë rikotën më me gëzof. Le menjane.

b) Shtroni fetat e bukës dhe lyeni me gjalpë në njërën anë të secilës pjesë.

c) Përhapeni 1-2 lugë gjelle përzierje rikota në anën e pa lyer të 4 fetave.

d) Thyejeni spinaqin dhe shtrojini në anën e rikotës, pasuar nga avokado dhe mocarela.

e) Mbyllni sanduiçin dhe vendoseni në një tigan të nxehur më parë. Gatuani për rreth 90 sekonda, duke e shtypur me një shpatull. Kthejeni dhe përsërisni derisa djathi të shkrihet dhe të marrë ngjyrë kafe të artë. E heqim, e presim dhe e servirim.

6. Djathë i pjekur në skarë me proshutë borziloku me luleshtrydhe

Përbërësit:

- 12 oz. Mocarela e freskët, e prerë në feta
- 8 feta bukë të bardhë, të prera trashë
- 2 lugë gjalpë të zbutur
- 8 luleshtrydhe të freskëta (të mesme në të mëdha), të prera në feta të holla
- 12 gjethe borziloku të freskët, të plota
- 8 feta proshuto, të prera hollë
- 2 oz. lustër balsamike

Drejtimet:

a) Shtroni feta buke dhe gjalpë në njërën anë të secilës.

b) Nga ana e pa lyer me gjalpë, shtroni mocarelën e freskët, luleshtrydhet, gjethet e borzilokut dhe proshutën. Spërkateni me glazurë balsamike; vendoseni bukën e mbetur sipër dhe transferojeni në një tigan të parangrohur që nuk ngjit. Gatuani për rreth një minutë, duke shtypur me një shpatull. Kthejeni dhe përsërisni deri në kafe të artë.

c) Hiqini, spërkatni me glazurë balsamike shtesë përsipër nëse dëshironi, prisni dhe shërbejeni.

7. Gjalpë Rikota dhe Djathë i pjekur në skarë

Përbërësit:

- 15 oz. Rikota
- 4 lugë gjalpë bajame
- 2 lugë çaji mjaltë
- 12 feta pancete (proshutë mund të zëvendësohet)
- 8 feta bukë të bardhë, të prera trashë
- 2 lugë gjalpë të zbutur
- 8 lugë gjelle reçel luleshtrydhe ose pelte

Drejtimet

a) Në një tas të vogël përzierjeje, bashkoni gjalpin e bajames, mjaltin dhe rikotën. Le menjane.

b) Gatuani pancetën derisa të jetë e freskët.

c) Shtroni fetat e bukës dhe lyeni me gjalpë në njërën anë të secilës pjesë. Ktheni bukën dhe në anën e pa lyer me gjalpë shpërndani përzierjen e rikotës/gjalpit të bajames, më pas pelte/reçel dhe më pas pancetën.

d) Mbylleni sanduiçin dhe vendoseni në një tigan të parangrohur në nxehtësi të ulët deri në mesatare.

e) Gatuani për afërsisht 90 sekonda, duke shtypur poshtë me një shpatull Rrotulloni dhe përsërisni derisa të marrin ngjyrë kafe të artë. E heqim, e presim dhe e servirim.

8. Djathë i pjekur në skarë me pulë bualli

Përbërësit:

- 16 oz. Mocarela, e prerë në feta
- 4 - 4 oz. gjoks pule pa kocka, i prerë në feta 1/4 filxhan vaj vegjetal 1/2 filxhan salcë të nxehtë
- 1 kërcell selino, i vogël
- 1 karotë e vogël
- 8 feta bukë të bardhë
- 2 lugë gjalpë të zbutur
- 1 filxhan salcë djathi blu

Drejtimet

a) Shtroni pulën në një pjatë. Lyejeni të dyja anët me vaj dhe vendoseni në një grilë ose tigan të nxehur më parë. Gatuani në një temperaturë të brendshme prej 165 gradë F, përafërsisht. 3 minuta në secilën anë. Hiqeni nga grila dhe vendoseni në salcë të nxehtë. Le menjane.

b) Pritini selinon në copa të vogla. Qëroni karotën dhe rruajini duke përdorur një rende kuti.

c) Merrni 8 feta bukë, gjalpë nga njëra anë dhe lyeni djathin blu nga ana tjetër. Nga ana e djathit blu, shtroni mocarelën, pulën, selinon, karotat dhe përfundoni me më shumë mocarela.

d) Hidhni sipër copën tjetër të bukës dhe vendoseni në një tigan që nuk ngjit në nxehtësi mesatare. Gatuani për rreth një minutë, duke shtypur me një shpatull.

e) Kthejeni dhe përsërisni derisa djathi të shkrihet dhe të marrë ngjyrë kafe të artë. E heqim, e presim dhe e servirim.

9. Djathë i pjekur në skarë pica vegjetale

Përbërësit:

- 16 oz. Mocarela, e prerë në feta
- 15 oz. Rikota
- 4 lugë gjelle parmezan, të ndara
- 1 patëllxhan i vogël
- 2 speca të kuq
- 1 kungull i njomë, i madh
- 3/4 filxhan vaj ulliri, i ndarë
- 1 lugë çaji hudhër të freskët, të copëtuar
- 4 - 8 inç kore pice, të gatuara paraprakisht
- 1 degë rozmarinë e freskët, me kërcell dhe të grirë imët

Drejtimet

a) Ngroheni furrën në 375 gradë F.

b) Qëroni patëllxhanin dhe priteni në feta 1/4 inç. Pritini specat dhe kungull i njomë në feta 1/4 inç. Shtroni perimet në një tepsi dhe lyejini lehtë me vaj ulliri. Piqeni në furrë në 375 gradë për 15-20 minuta derisa të zbuten.

c) Në një tas, shtoni rikotën, hudhrën dhe gjysmën e parmixhanit dhe përzieni me pirun derisa të përzihet. Palosni për ta bërë rikotën më me gëzof. Le menjane.

d) Shtroni koren e picës së pjekur më parë dhe lyejeni lehtë me vajin e mbetur të ullirit. Spërkateni njërën anë me rozmarinën e grirë dhe parmixhanin e mbetur. Rrokullisni dhe në anën e pa erëza shpërndajeni përzierjen e rikotës. Le menjane.

e) Pasi të jenë gati perimet, mblidhni sanduiçin duke vendosur patëllxhanë, kungull i njomë dhe speca në gjysmën e kores së rikotës, të ndjekur nga mocarela. Mbylleni dhe vendoseni në një tigan të nxehur më parë ose në një tigan që nuk ngjit në nxehtësi të ulët deri në mesatare. Sigurohuni që tava të jetë më e madhe se korja.

f) Gatuani për rreth 90 sekonda, duke e shtypur me një shpatull. Kthejeni dhe përsërisni derisa djathi të shkrihet plotësisht në kafe të artë dhe djathë. E heqim, e presim dhe e servirim.

10. Djathë i pjekur në skarë me pulë dhe vafla

Përbërësit:

- 16 oz. Mocarela, e prerë në feta
- 12 feta pancete, të prera hollë
- 1 lugë shurup panje
- 1/2 filxhan majonezë
- 2 pjeshkë të freskëta (ose 1 kanaçe e vogël pjeshkë, e kulluar)
- 8 vafla të ngrira
- 2 lugë gjalpë të zbutur
- 4 – 4 oz. gjoks pule pa kocka
- 1 filxhan miell
- 1 filxhan salcë me dhallë
- 2 gota vaj vegjetal

Drejtimet

a) Gatuani pancetën në një tigan që nuk ngjit derisa të jetë paksa e freskët.

b) Përzieni shurupin dhe majonezën së bashku dhe lërini mënjanë.

c) Pritini pjeshkët në feta të holla.

d) Shtroni waffles dhe gjalpë nga njëra anë e secilës. Rrokullisni dhe përhapni përzierjen e majonezës në anën pa gjalpë të vafleve.

e) Miell pule, më pas zhytni pulën në salcë për fermë, pastaj përsëri në miell.

f) Sillni vajin vegjetal në nxehtësi mesatare në një tigan dhe gatuajeni pulën derisa të marrë ngjyrë kafe nga të dyja anët dhe temperatura e brendshme të arrijë 165 gradë.

g) Në anën e vaflës me majonezë, shtrojmë mocarelën, mishin e pulës, pancetën, pjeshkët dhe përfundojmë me më shumë mocarela dhe një tjetër waffle.

h) Në një tigan që nuk ngjit në nxehtësi mesatare, gatuajeni për një minutë, duke shtypur me një shpatull. Kthejeni dhe përsërisni derisa djathi të shkrihet dhe të marrë ngjyrë kafe të artë. E heqim, e presim dhe e servirim.

11. Cheddar & Sourbough Djathë i pjekur në skarë

Rendimenti 1 shërbim

Përbërësit:

- 2 copë bukë brumë thartë
- 1 ½ lugë gjelle gjalpë pa kripë
- 1 ½ lugë majonezë
- 3 feta djathë çedër

Drejtimet

a) Në një dërrasë prerëse, lyeni çdo copë bukë me gjalpë nga njëra anë.

b) Ktheni bukën dhe lyeni secilën copë bukë me majonezë.

c) Vendoseni djathin në anën e lyer me gjalpë të njërës copë buke. Mbi atë me copën e dytë të bukës, majonezë jashtë.

d) Nxehni një tigan që nuk ngjit mbi nxehtësinë mesatare të ulët.

e) Vendoseni sanduiçin në tigan, me majonezën poshtë.

f) Gatuani për 3-4 minuta, deri në kafe të artë.

g) Duke përdorur një shpatull, kthejeni sanduiçin dhe vazhdoni gatimin deri në kafe të artë, rreth 2-3 minuta.

12. Sanduiç me djathë të pjekur në skarë

Rendimenti 2

Përbërësit:

- 4 feta buke te bardhe
- 3 lugë gjalpë, të ndarë
- 2 feta djathë çedër

Drejtimet

a) Ngrohni tiganin mbi nxehtësinë mesatare.

b) Lyejeni me gjalpë njërën anë të një fete buke. Vendosni gjalpin e bukës anash poshtë në fund të tiganit dhe shtoni 1 fetë djathë.

c) Lyejeni me gjalpë një fetë të dytë buke nga njëra anë dhe vendosni gjalpin nga ana lart sipër sanduiçit.

d) Piqni në skarë derisa të skuqet lehtë dhe kthejeni përmbys; vazhdoni të gatuani në skarë derisa djathi të shkrihet.

e) Përsëriteni me 2 fetat e mbetura të bukës, gjalpin dhe fetën e djathit.

13. Spinaq & Kopër Havarti mbi Bukë

SHËRBON 4

Përbërësit:

- 8 feta të holla bukë të bardhë të stilit italian
- 3-4 lugë pastë tartufi të bardhë ose porcini tjetër tartufi ose tartufi
- 4 ons djathë Taleggio, i prerë në feta
- 4 oce djathë fontina, i prerë në feta Gjalpë i butë për lyerje në bukë

Drejtimet

a) Lyeni lehtë 1 anë të çdo fete buke me pastë tartufi. Sipër 4 prej fetave me Taleggio dhe fontina, pastaj sipër secilës me një tjetër pastë tartufi me bukë të përhapur.

b) Lyejeni lehtë gjalpin në pjesën e jashtme të secilit sanduiç, më pas ngrohni një shtypje panini ose një tigan të rëndë që nuk ngjit mbi nxehtësinë mesatare-të lartë.

c) Skuqeni sanduiçët, duke i kthyer një ose dy herë, derisa buka të jetë e freskët dhe e artë dhe djathi të shkrihet.

d) Shërbejeni menjëherë, aromatik me tartuf dhe djathë të shkrirë që rrjedh, të prerë në katërsh ose bare të shijshme.

14.   Jack i pjekur në thekërme Mustardë

SHËRBON 4

Përbërësit:

- 2 lugë tapenadë ulliri jeshil
- 3 lugë gjelle mustardë e butë Dijon
- 8 feta bukë thekre me fara
- 8-10 ons djathë Jack, ose djathë tjetër të bardhë të butë (si Havarti ose Edam), i prerë në feta
- Vaj ulliri për larjen e bukës

Drejtimet

a) Përzieni tapenadën me mustardën në një tas të vogël.

b) Shtroni bukën dhe lyeni 4 nga fetat nga njëra anë vetëm me mustardë tapenade për shije. Hidhni sipër djathin dhe copën e dytë të bukës, më pas shtypini mirë.

c) Lyejeni lehtë pjesën e jashtme të secilit sanduiç me vaj ulliri, më pas skuqeni në një prodhues sanduiçësh, shtypës panini ose një tigan të rëndë që nuk ngjit, i rënduar për t'i shtypur sanduiçët ndërsa skuqen.

d) Gatuani në nxehtësi mesatare-të lartë derisa të skuqet lehtë nga jashtë dhe djathi të shkrihet brenda.

e) Shërbejeni të nxehtë dhe të vrullshëm, në kafe të artë.

15. Radicchio & Roquefort në Pain au Levain

SHËRBON 4

Përbërësit:

- 6-8 ons djathë roquefort
- 8 feta të holla dhimbje au levain ose bukë kosi
- 3 lugë gjelle pekane të thekura të grira trashë
- 4-8 gjethe të mëdha radicchio
- Vaj ulliri për larje ose gjalpë të butë për lyerje në bukë

Drejtimet

a) Përhapeni djathin Roquefort në mënyrë të barabartë në të 8 fetat e bukës.
b) Spërkatni 4 nga fetat e lyera me djathë me pecans, pastaj sipër secilës me një copë ose 2 nga radicchio; përdorni mjaft gjethe për të parë skajet. Mbi secilin me një copë të dytë buke të lyer me djathë dhe shtypeni së bashku për të mbyllur. Lyejeni pjesën e jashtme me vaj ose gjalpë.
c) Nxehni një tigan të rëndë jo ngjitës ose shtypje panini mbi nxehtësinë mesatare-të lartë. Vendosni sanduiçët në tigan, duke punuar në 2 tufa, në varësi të madhësisë së tavës. Rënia në peshë sipasKëshillë, dhe gatuajeni duke e kthyer një ose dy herë derisa buka të jetë e freskët dhe djathi të jetë shkrirë.
d) Shërbejeni menjëherë, të prerë në gjysmë ose në katërsh.

16.   Djathë i pjekur me hudhër në thekër

SHËRBON 4

Përbërësit:

- 4 feta të mëdha e të trasha bukë thekre me brumë kosi
- 4 thelpinj hudhra, të përgjysmuara
- 4-6 oce djathë feta, i prerë hollë ose i grimcuar
- 2 lugë qepë të freskët të copëtuar ose qepë jeshile
- Rreth 6 ons djathë i bardhë i butë i shkrirë në feta të hollë ose i grirë, si Jack, Asiago i mesëm ose Chaume

Drejtimet

a) Ngrohni paraprakisht broilerin.
b) Skuqeni lehtë bukën në një fletë pjekjeje nën brojlerin. Fërkoni të dyja anët me hudhër. Prisni çdo hudhër të mbetur dhe lëreni mënjanë për një moment.
c) Shtroni fetën sipër dollive të fërkuara me hudhër, spërkatni me hudhrën e mbetur të grirë, më pas me qiqra dhe sipër me djathin e dytë.
d) Ziejeni derisa djathi të shkrihet dhe të skuqet, duke u skuqur lehtë në njolla dhe skajet e bukës së thekur të jenë të freskëta dhe kafe.
e) Shërbejeni menjëherë, të nxehtë dhe të rrjedhshëm.

17. britanikeDjathë i shkrirë& Turshi

SHËRBON 4

Përbërësit:

- 4 feta bukë me shije të përzemërt të bardhë ose gruri të plotë
- Rreth 3 lugë turshi, të prera trashë
- 6-8 ons djathë i fortë i pjekur Cheddar ose Cheshire anglez, i prerë në feta

Drejtimet

a) Ngrohni paraprakisht broilerin.
b) Vendoseni bukën në një tepsi. Thithni lehtë nën brojlerin, më pas hiqeni dhe shpërndajeni bujarisht turshinë në bukën e thekur lehtë; sipër me djathin dhe futeni nën brojler derisa djathi të shkrihet.

18.   Mocarela e freskët, Proshuto & Reçel fiku

SHËRBON 4

Përbërësit:

- 4 role të buta franceze ose italiane (ose gjysmë të pjekura nëse ka)
- 10-12 ons mocarela e freskët, e prerë në feta trashë
- 8 ons proshuto, të prera hollë
- $\frac{1}{4}$-$\frac{1}{2}$ filxhan reçel fiku ose konserva fiku, për shije
- Gjalpë i butë për lyerje në bukë

Drejtimet

a) Ndani secilën role dhe lyeni me mocarelën dhe proshutën. I lyejmë fetat e sipërme me reçelin e fikut, më pas mbyllim.
b) Lyejeni pak me gjalpë pjesën e jashtme të secilit sanduiç.
c) Nxehni një tigan të rëndë jo ngjitës ose shtypje panini mbi nxehtësinë mesatare-të lartë. Vendosni sanduiçët në tigan, duke i punuar në dy tufa në varësi të madhësisë së tavës. Shtypnisanduiçeose mbylleni skarën dhe skuqeni duke e kthyer një ose dy herë derisa buka të

jetë e freskët dhe djathi të shkrihet. Edhe pse roletë fillojnë si të rrumbullakëta, pasi të shtypen ato janë dukshëm më të sheshta dhe mund të kthehen lehtësisht, megjithëse me kujdes.

19.   Mish i rrallë i pjekur me djathë blu

SHËRBON 4

Përbërësit:

- 4 brumë kosi të butë ose role të ëmbla (ose nëse ka, 1 gjysmë të pjekurbaguette, prerë në 4 pjesë)
- 10-12 oce djathë blu, në temperaturë ambienti për përhapje më të lehtë
- 8-10 ons mish viçi i rrallë i pjekur, i prerë hollë
- Gërshe me gjethe lakërishte
- Gjalpë i butë për lyerje në bukë

Drejtimet

a) Ndani secilën role, më pas lyeni bujarisht me djathë blu në secilën anë. Në çdo role, shtroni mishin e pjekur, më pas gjethet e lakërishtës dhe mbylleni përsëri, duke e shtypur mirë që të mbyllet.
b) Lyejeni pak me gjalpë pjesën e jashtme të secilit sanduiç.
c) Nxehni një tigan të rëndë që nuk ngjit, ose shtypje panini, mbi nxehtësinë mesatare-të lartë.

d) Vendosni sanduiçët në tigan duke i punuar në 2 tufa, në varësi të madhësisë së tavës.
e) Rënia në peshë sipasKëshillë, dhe gatuajeni duke e kthyer një ose dy herë derisa buka të jetë e freskët dhe djathi të jetë shkrirë.

20. Leicester i kuqme qepë

SHËRBON 4

Përbërësit:

- 8 feta të holla gruri integral të butë, kokrra gruri të mbirë, kopër ose të bardhë të përzemërt si buka e patates

- ½ qepë mesatare, e qëruar dhe e prerë shumë hollë në mënyrë tërthore

- 10-12 ons djathë i butë i tipit Cheddar

- Vaj ulliri për larje ose gjalpë të butë për lyerje në bukë

- Një mustardë e butë, e mprehtë, shumë interesante e zgjedhur

Drejtimet

a) Vendosni fetat e bukës. Mbi 4 copat e bukës me një shtresë të vetme qepë, pastaj djathë aq sa të mbulojë plotësisht bukën dhe qepën. Mbi secilin me fetat e mbetura të bukës për të formuar sanduiçe dhe shtypini mirë së bashku.

b) Lyejeni pjesën e jashtme të sanduiçëve me vaj ulliri ose lyeni me gjalpë të butë.

c) Nxehni një tigan të rëndë jo ngjitës ose një shtypje sanduiç në temperaturë mesatare në të lartë, më pas shtoni sanduiçët dhe zvogëloni nxehtësinë në mesatare. Vendi apeshë sipërnëse përdorni një tigan, ulni nxehtësinë nëse kërcënon të digjet. Kontrolloni herë pas here; kur të marrin ngjyrë të artë dhe të skuqen nga njëra anë, kthejini ato, rëndoni dhe skuqni anën e dytë.

d) Shërbejeni menjëherë, të prerë në copa ose trekëndësha, të shoqëruar me mustardë për lyerje.

21. Spinaq & Kopra Havartimbi Bukë

SHËRBON 4

Përbërësit:

- 2 thelpinj hudhër, të prera
- 2 lugë vaj ulliri ekstra të virgjër, të ndara
- 1 filxhan spinaq të gatuar, të grirë, të kulluar dhe të shtrydhur të thatë
- 8 feta bukë me shumë kokrra ose 1 copë fokacie, rreth 12 × 15 inç, të prera horizontalisht
- 8 ons kopër Havarti, i prerë në feta

Drejtimet

a) Në një tigan të rëndë që nuk ngjit mbi nxehtësinë mesatare dhe të ulët, ngrohni hudhrën në 1 lugë gjelle vaj ulliri, më pas shtoni spinaqin dhe gatuajeni së bashku një ose dy momente për t'u ngrohur.
b) Mbi 4 feta të bukës (ose në shtresën e poshtme të fokaçës), rregulloni djathin, më pas vendosni sipër spinaqin dhe një copë të dytë buke (ose pjesën e sipërme të fokaçës).
c) Shtypini së bashku që të mbyllen mirë, më pas lyejeni lehtë pjesën e jashtme të sanduiçëve me vajin e mbetur të ullirit.
d) I skuqim sanduiçët në tigan, duke i peshuar ato, ose në një shtypje panini mbi nxehtësinë mesatare në të lartë. Gatuani derisa të skuqet lehtë dhe të marrë ngjyrë të artë nga njëra anë, më pas kthejeni dhe skuqeni anën e dytë. Kur djathi të jetë shkrirë, sanduiçi është gati.
e) Shërbejeni menjëherë, prerë në diagonale.

22. Fytyrë e hapurÇedër i pjekur në skarë&Turshi i koprës

SHËRBON 4

Përbërësit:

- 4 feta bukë të bardhë me cilësi të mirë
- 6-8 ons djathë çedar i pjekur, i prerë në feta hollë
- 1-2 turshi të ëmbla trangujsh ose kopër kosher, të prera hollë

Drejtimet

a) Ngrohni paraprakisht broilerin.
b) Skuqeni lehtë bukën nën brojlerin, më pas mbi çdo fetë hidhni pak djathë, turshi dhe më shumë djathë. Ziejini derisa djathi të shkrihet dhe skajet e bukës të bëhen të freskëta dhe të skuqura.
c) Shërbejeni menjëherë, të prerë në katërsh.

23. Harry's Bar Special

BËN 12; SHËRBON 4

Përbërësit:

- 6 ons Gruyère, Emmentaler ose djathë tjetër zviceran, i grirë në mënyrë të trashë
- 2-3 oce proshutë të tymosur të prerë në kubikë
- Një majë bujare mustardë e thatë
- Disa shkundje të salcës Worcestershire
- 1 lugë gjelle krem rrahjeje ose salcë kosi, ose sa për t'i mbajtur të gjitha së bashku
- 8 feta shumë të holla bukë të bardhë të dendur, kore të prera
- Vaj ulliri për larje ose gjalpë të butë për lyerje në bukë

Drejtimet

a) Në një tas mesatar, kombinoni djathin me proshutën e tymosur, mustardën dhe salcën Worcestershire. E përziejmë mirë, më pas e përziejmë kremin duke i shtuar aq sa të formohet një masë e fortë dhe të mbahet së bashku.

b) Përhapeni përzierjen e djathit dhe proshutës shumë trashë mbi 4 copat e bukës dhe sipër 4 copat e tjera. Shtypni mirë së bashku dhe pritini sanduiçet në nga 3 gishta.

c) Lyejeni pjesën e jashtme të sanduiçëve me vaj ulliri, më pas skuqini mbi nxehtësi mesatare në një tigan të rëndë që nuk ngjit, duke i shtypur me shpatullën tuaj ndërsa gatuhen. Kur të skuqen lehtë nga ana e parë, kthejini ato dhe skuqini anën e dytë.

d) Shërbejeni të nxehtë, menjëherë.

24. Crostini alla Carnevale

MAKON 16; SHËRBON 4

Përbërësit:

- 16 feta të holla bagute, të prera në diagonale dhe mundësisht pak të ndenjura
- 2 lugë vaj ulliri ekstra të virgjër
- 3 thelpinj hudhra, te grira, te ndara
- 4 ons djathë rikota
- 4 ons djathë të butë Asiago, Jack ose fontina, i prerë në kubikë, i copëtuar në mënyrë të trashë ose i prerë në shirita
- 6-8 domate qershi, të prera në katër pjesë ose të prera në kubikë
- 2 lugë piper të kuq të pjekur të copëtuar
- 1-2 lugë pesto borziloku

Drejtimet

a) Ngrohni paraprakisht broilerin.
b) Hedhim fetat e baguette me vaj ulliri në një tas dhe vendosim në një shtresë të vetme në një enë pjekjeje ose në një tepsi. Dolli nën brojlerin për rreth 5 minuta, ose derisa të marrë një ngjyrë të lehtë të artë. Hiqni dhe hidhni bukët me gjysmën e hudhrës. Le menjane.
c) Në një tas të vogël, kombinoni hudhrën e mbetur me djathin ricotta, Asiago, domatet qershi, specat dhe peston.
d) Mbi çdo tost hidhet një copë e madhe mbushjeje. Vendoseni në fletën e pjekjes dhe vendoseni nën brojlerin derisa djathi të shkrihet dhe të skuqet dhe skajet e bukës të skuqen dhe të marrin ngjyrë kafe.
e) Shërbejeni menjëherë.

25. Brusketanga një Ulli

BEN 16 ME 24; SHËRBON 8

Përbërësit:

- 4 feta dhimbje au levain ose bukë tjetër fshatare, të prera në 4 deri në 6 pjesë për fetë
- 2 thelpinj hudhra
- Rreth 1 lugë gjelle vaj ulliri ekstra të virgjër
- 4 oce djathë feta, të prera në feta Lëkurë e grirë e 1 limoni
- 4 ons djathë i shkrirë i butë si Jack, fontina ose Asiago i butë, i prerë hollë ose i copëtuar
- Rreth 3 ons rukola e re

Drejtimet

a) Ngrohni paraprakisht broilerin.
b) Skuqeni lehtë bukën nën brojler. Hiqeni nga zjarri dhe fërkoni të dyja anët me hudhër.
c) Vendosni bukët e lyer me hudhër në një tepsi dhe i spërkatni shumë lehtë me pak vaj ulliri, më pas shtrojini djathin feta, spërkatni me lëkurën e limonit, sipër me djathin Jack dhe i jepni një spërkatje të fundit vaj ulliri. Ziejini derisa djathi të shkrihet dhe të fryjë lehtë.
d) Shërbejeni menjëherë, çdo sanduiç të vogël djathi të pjekur në skarë me një grusht të vogël gjethe rukole.

26. Casse Croûte me djathë blu dhe Gruyère

SHËRBON 4

Përbërësit:

- 1 bagutë, e ndarë për së gjati dhe e zbrazur pak
- 2-3 lugë gjalpë të butë për lyerje në bukë
- 1-2 lugë gjelle verë të bardhë të thatë
- 3-4 thelpi hudhër, të prera
- 8-10 ons djathë blu me shije
- 8-10 ons Gruyère
- Grirja e arrëmyshkut

Drejtimet

a) Ngrohni paraprakisht broilerin.
b) Gjysmat e baguettes i lyejmë lehtë nga brenda me gjalpë, më pas i spërkasim me pak verë të bardhë dhe pak hudhra. Shtroni djathrat, duke përfunduar me një shtresë Gruyère dhe duke përfunduar me një grilë arrëmyshk, hudhrën e mbetur dhe disa pika të tjera verë.
c) Ziejini sanduiçët derisa djathi të shkrihet dhe të skuqet dhe skajet e bukës të jenë të freskëta dhe të skuqura.
d) Pritini në copa disa centimetra të gjata dhe shërbejeni menjëherë.

27. Crisp Truffled Comteme Chanterelles Zi

SHËRBON 4

KANTERELA TE ZEZE TE SAUTÉED

Përbërësit:

- 1 ons kërpudha të freskëta ose ½ ons të thara kërpudha të zeza
- 6 lugë gjalpë pa kripë
- ¼ filxhan supë me kërpudha ose perime
- 2 lugë vaj tartufi i zi, ose sipas shijes

sanduiçe

- 1 bagutë, e prerë hollë në një diagonale të lehtë
- 8 ons djathë Comté, i prerë në feta rreth 1/8 inç të trashë dhe i prerë që të përshtatet me fetat e vogla të baguette
- 1-2 lugë vaj ulliri ekstra të virgjër për larjen e bukës
- 1-2 thelpinj hudhër, të grira
- 1-2 lugë qepë të freskët të copëtuar ose majdanoz me gjethe të sheshta

Drejtimet

a) To bëni kërpudhat e skuqura: Nëse përdorni kërpudha të freskëta, lajini dhe thajini, më pas grijini imët. Nëse përdorni kërpudha të thata, hidhni lëngun e kërpudhave, të ngrohur deri në zierje, mbi kërpudhat për t'u rihidratuar. Lëreni të qëndrojë, i mbuluar, për rreth 30 minuta ose derisa të jetë i butë dhe i lakueshëm. Hiqeni nga lëngu dhe shtrydhni të thatë, duke e rezervuar lëngun për gatimin më poshtë. Pritini kërpudhat e rihidratuara dhe vazhdoni si të freskëta.

b) Ngrohni gjalpin mbi nxehtësinë mesatare në një tigan të rëndë që nuk ngjit; kur të shkrihen dhe të marrin ngjyrë kafe, shtoni kërpudhat dhe ziejini për pak çaste me gjalpin e nxehtë. Hidheni lëngun dhe gatuajeni në zjarr mesatar-të lartë derisa lëngu të jetë pothuajse plotësisht i avulluar, 5 deri në 7 minuta. E heqim nga zjarri dhe e hedhim me lugë në një tas. Lëreni të ftohet për disa minuta, më pas shtoni vajin e tartufit dhe përzieni mirë duke e përzier fuqishëm.

c) Shtroni fetat e baguette; Gjysmën e tyre e lyejmë me përzierjen e kërpudhave të tartufit, më pas i vendosim fetat e djathit dhe në fund copat e mbetura të baguettes. Shtypni mirë së bashku; sanduiçët, duke qenë të vegjël me një mbushje relativisht të thatë, priren të shpërbëhen. Megjithatë, sapo sanduiçët të marrin ngjyrë, djathi shkrihet dhe i mban së bashku.

d) Lyejeni lehtë pjesën e jashtme të secilit sanduiç me vaj ulliri. Nxehni një tigan të rëndë që nuk ngjit mbi nxehtësinë mesatare dhe më pas shtoni sanduiçët, duke punuar në tufa sipas nevojës. Sipër me njëpeshëdhe zvogëloni nxehtësinë në mesatare ose mesatare-të ulët. Skuqeni sanduiçët, duke i kthyer një ose dy herë, derisa buka të jetë e freskët dhe e artë dhe djathi të shkrihet. Spërkateni me pak hudhra dhe qiqra dhe shërbejeni.

e) Spërkatja e hudhrës pak para se ta hiqni nga tigani ruan aromën e mprehtë dhe të fortë të hudhrës së papërpunuar, në mënyrë që çdo sanduiç i vogël të shijojë si një kruton hudhre të mbushur me djathë dhe tartuf. Përsëriteni me sanduiçët e mbetur, duke hequr hudhrën e mbetur nga tigani në mënyrë që të mos digjet në raundin tjetër të skuqjes së sanduiçit.

28. Dolli me djathë dhieme Erëza

BEN 12; SHËRBON 4

Përbërësit:

- 12 feta të holla baguette, mundësisht pak të ndenjura
- Vaj ulliri ekstra i virgjer
- 3-4 ons djathë dhie pak të vjetëruar
- Rreth $\frac{1}{4}$ lugë çaji qimnon i bluar
- $\frac{1}{2}$ lugë çaji trumzë
- $\frac{1}{4}$-$\frac{1}{2}$ lugë çaji paprika
- Rreth 1/8 lugë çaji koriandër të bluar
- 2 thelpinj hudhër, të prera
- 1-2 lugë gjelle cilantro të freskët të copëtuar

Drejtimet

a) Parangrohni brojlerin.
b) Lyejini fetat e baguettes me vaj ulliri, vendosini në një shtresë të vetme në një fletë pjekjeje dhe skuqini lehtë nën broilerin nga secila anë.
c) Mbi fetat e baguettes së thekur me djathë, më pas spërkatini me qimnon, trumzë, paprikë, koriandër dhe hudhër të grirë. Lyejeni me vaj ulliri dhe ziejini derisa djathi të shkrihet pak dhe të skuqet në njolla.
d) Spërkateni me cilantro dhe shërbejeni menjëherë.

29. Sanduiçe Roquefort&Marmelatë panxhar

BEN 8; SHËRBON 4

MARMELADE PUNXHER ME XHINXHELEL

Përbërësit:

- 3 panxhar të kuq mesatarisht të madh (gjithsej 16 deri në 18 ons), të plota dhe të paqëruara

- 1 qepë, e prerë në katër pjesë, plus ½ qepë, e prerë

- ½ filxhan verë të kuqe

- Rreth ¼ filxhan uthull vere të kuqe

- Rreth 2 lugë sheqer

- 2 lugë rrush të thatë ose fiq të thatë të prerë në kubikë

- Rreth ½ lugë çaji xhenxhefil të freskët të qëruar të copëtuar

- Një majë pluhur me pesë erëza, karafil ose spec

sanduiçe

- 16 copa diagonale të prera shumë hollë baguette bajate, ose ciabatta bajate të prera hollë

- 6 ons djathë roquefort
- Rreth 1 lugë gjelle vaj ulliri për larjen e bukës
- Rreth 2 gota (3 ons) lakërishtë

Drejtimet

a) Ngrohni furrën në 375°F.
b) Për të bërë marmelatë panxhar: Vendosni panxharët, qepën e grirë në katër pjesë dhe verën e kuqe në një tavë pjekjeje aq të madhe sa për t'i vendosur ato me disa centimetra hapësirë në mes. E mbulojmë tavën me letër alumini dhe më pas e pjekim për një orë ose derisa panxhari të zbutet. Hiqeni, zbuloni dhe lëreni të ftohet.
c) Kur të ftohet, rrëshqisni lëkurën nga panxhari dhe më pas prisni në copa $\frac{1}{4}$ deri në 1/8 inç. Prisni trashë qepën e gatuar dhe bashkojeni me panxharin e pjekur në kubikë dhe lëngjet e gatimit nga tigani në një tenxhere së bashku me qepën e grirë të grirë, uthullën, sheqerin, rrushin e thatë, xhenxhefilin dhe disa lugë ujë.
d) Lëreni të ziejë dhe gatuajeni në zjarr mesatar-të lartë derisa qepa të jetë zbutur dhe pjesa më e madhe e lëngut të ketë avulluar. Mos e lini të digjet. Hiqeni nga zjarri dhe rregulloni

aromatizuesit me më shumë sheqer dhe uthull. Sezoni shumë hollë - vetëm një majë - me pluhur me pesë erëza. Le menjane. Bën rreth 2 gota.

e) Për të bërë sanduiçe: Shtroni 8 feta baguette dhe lyeni secilen me djathe Roquefort. Mbi secilin me fetat e mbetura të baguettes dhe shtypeni mirë së bashku për të mbajtur. Lyejeni secilën anë të sanduiçëve të vegjël me një sasi të vogël vaj ulliri.

f) Nxehni një tigan të rëndë që nuk ngjit mbi nxehtësinë mesatare dhe vendosni sanduiçët në të. Ulni nxehtësinë në mesatare-të ulët ose mesatare. Gatuajini sanduiçët derisa të marrin një ngjyrë të artë të freskët nga ana e parë, shtypni lehtë së bashku me spatulën, më pas kthejeni dhe skuqeni lehtë anën tjetër.

g) Shërbejini sanduiçët e vegjël të freskët të nxehtë në një pjatë, të zbukuruar me një tufë ose dy lakërishtë dhe një lugë bujare marmelatë panxhari.

30. Bocadillo nga ishulli Ibiza

SHËRBON 4

TUN DHE PIPER TE KUQ TE PERHARUAR

Përbërësit:

- 6 ons copa ton me mish të bardhë, të paketuar në vaj ulliri, të kulluar
- 1 piper i kuq, i pjekur, i qeruar dhe i prere (nga kavanoza eshte mire)
- ½ qepë, e grirë hollë
- 4-6 lugë majonezë
- 1 lugë gjelle vaj ulliri ekstra të virgjër
- 1-2 lugë çaji paprika, mundësisht hungareze ose spanjolle
- Disa pika limoni të freskët
- lëngu
- Kripë
- Piper i zi

sanduiçe

- 8 feta bukë domate të thara në diell
- 8 ons djathë Gouda të vjetëruar, Jack ose Cheddar të bardhë
- Vaj ulliri për larjen e bukës

Drejtimet

a) Për të bërë përzierjen e tonit: Thyejeni tonin me një pirun në një tas mesatar, më pas përzieni me specin e kuq, qepën, majonezën, vajin e ullirit ekstra të virgjër, paprikën, lëngun e limonit, kripën dhe piperin. Rregulloni sasinë e majonezës për të arritur një konsistencë të mirë të trashë.

b) Për të bërë sanduiçët: Rregulloni 4 feta buke dhe sipër secilës me një të katërtën e djathit. Hidhni sipër përzierjen e peshkut me ton, më pas me bukën e mbetur.

c) Lyejeni lehtë me vaj ulliri pjesën e jashtme të sanduiçëve. Nxehni një tigan të rëndë që nuk ngjit mbi nxehtësinë mesatare dhe shtoni sanduiçët.

d) Peshojini ato me pjesën e poshtme të një të rëndëtigan, jo për t'i shtypur por për të mbajtur sipër dhe për t'i mbajtur të sheshta derisa djathi shkrihet. Uleni nxehtësinë në mesatare dhe gatuajeni në anën e parë derisa buka të jetë e freskët dhe e artë, më pas kthejeni dhe përsërisni.

e) Ngrini tavën e peshimit herë pas here për të kontrolluar situatën me djathin.

f) Kur të shkrihet - dhe mund ta dalloni këtë sepse pak do të rrjedhë - dhe buka është e artë dhe e freskët, hiqeni nga tigani. Nëse buka është shumë e errët para se djathi të shkrihet, zvogëloni nxehtësinë.

g) Shërbejeni menjëherë, të nxehtë dhe të freskët.

31. KlubiE pjekur në skarëSanduiç

SHËRBON 4

Përbërësit:

- 3 lugë majonezë
- 1 lugë gjelle kaperi, të kulluar
- 8 feta proshutë të trasha
- 8 feta të holla dhimbje au levain, të prera nga gjysma e një buke të madhe (rreth 10 inç e gjatë, 5 inç e gjerë)
- 8 ons djathë Beaufort, Comté ose Emmentaler, i prerë në feta
- 2 domate të pjekura, të prera në feta
- 2 gjoksa pule pa kocka të ziera, të pjekura ose të pjekura në skarë, të prera në feta
- Vaj ulliri për larjen e bukës
- Rreth 2 gota gjethe rukole
- Rreth 12 gjethe borzilok të freskët

Drejtimet

a) Në një tas të vogël bashkojmë majonezën me kaperin. Le menjane.
b) Gatuani proshutën në një tigan të rëndë që nuk ngjit derisa të jetë e freskët dhe kafe nga të dyja anët. E heqim nga tigani dhe e kullojmë në peshqir letre thithëse.
c) Vendosim 4 copa buke në një sipërfaqe pune dhe sipër secilës i hedhim një shtresë djathi, më pas një shtresë domate, proshutë dhe në fund pulën.
d) Shpërndani bujarisht majonezën kaper mbi 4 fetat e mbetura të bukës dhe sipër secilit sanduiç. Shtypni për ta mbyllur fort.
e) Lyejini pak nga jashtë me vaj ulliri.
f) Nxehni një tigan të rëndë jo ngjitës ose shtypje panini mbi nxehtësinë mesatare-të lartë. Shtoni sanduiçët, duke punuar në dy grupe nëse keni nevojë. Pesha poshtësanduiçelehtë, zvogëloni nxehtësinë në mesatare dhe gatuajeni derisa pjesa e poshtme e bukës të skuqet në pika dhe djathi të jetë shkrirë disi.
g) Kthejeni me kujdes, duke përdorur duart tuaja për të ndihmuar në stabilizimin e sanduiçëve në shpatull nëse kërcënojnë të copëtohen. Kafe në

anën e dytë, pa peshë, por duke i shtypur pak sanduiçët për t'i konsoliduar dhe mbajtur së bashku.
h) Hiqini nga tigani, hapni majat e të 4 sanduiçëve dhe mbushni me një grusht rukole dhe disa gjethe borziloku, më pas mbyllini të gjitha.
i) Pritini në gjysmë dhe shërbejeni menjëherë.

32.   Uellsia Rarebitme vezë të ziera

SHËRBON 4

Përbërësit:

- 4 vezë të mëdha
- Disa pika uthull vere të bardhë
- 4 feta bukë gruri ose brumë kosi, ose 2 kifle angleze të përgjysmuara
- Rreth 2 lugë gjalpë të butë
- 12 ons djathë të mprehtë Cheddar ose Cheshire, i grirë në mënyrë të trashë
- 1-2 qepë të njoma, të prera hollë
- 1-2 lugë çaji ale ose lager (opsionale)
- ½ lugë çaji mustardë me kokërr të plotë dhe/ose disa majë mustardë të thatë pluhur
- Disa shkundje bujare të salcës Worcestershire
- Disa shkundje me spec të kuq

Drejtimet

a) Ziejini vezët: Thyejeni secilën vezë dhe vendosini në një filxhan ose ramekin. Sillni një tigan të thellë të mbushur me ujë të vlojë; ulni zjarrin dhe mbajeni në zjarr të ziejë. Mos e kriposni ujin, por shtoni disa tundje uthull. Vendosni secilën vezë në ujin që ziejë lehtë.

b) Ziejini vezët derisa të bardhat të jenë të forta dhe të verdhat të jenë ende të lëngshme, 2 deri në 3 minuta. E heqim me lugë të prerë dhe e vendosim në një pjatë që të kullojë uji i tepërt.

c) Ngrohni paraprakisht broilerin.

d) Skuqeni lehtë bukën nën brojler dhe lyejeni lehtë me gjalpë.

e) Vendoseni bukën në një tepsi. Mbi çdo pjesë me 1 nga vezët e ziera.

f) Në një tas mesatar, përzieni së bashku Cheddar, qepët e njoma, ale, mustardën, salcën Worcestershire dhe piperin e kuq. Me lugë hidheni masën e djathit në mënyrë të barabartë mbi vezët e ziera, duke u kujdesur që të mos thyhen të verdhat.

g) Ziejini bukët e thekur me djathë dhe vezë derisa djathi të shkrihet në një përzierje të ngjashme me salcën, dhe skajet e djathit dhe

tosit të jenë të freskëta dhe të skuqura.
Shërbejeni menjëherë.

33. Proshutë, djathë dhe ananas të pjekur në skarë

SHËRBON 4

Përbërësit:

- 6-8 ons proshutë gjeldeti, të prerë trashë ose të prerë në shirita nëse tashmë janë prerë hollë

- 3 lugë majonezë ose sipas nevojës

- 4 feta të trasha ananasi të freskët ose 5 feta të konservuara në lëngun e vet

- 8 feta bukë gruri integral ose kokrra gruri, të prera hollë

- Rreth 12 deri në 15 feta turshi bukë-gjalpë

- ½ qepë, e prerë hollë

- Rreth 8 ons djathë Taleggio (lëkura e prerë), ose djathë i mprehtë Cheddar, i prerë në feta

- Vaj ulliri ekstra i virgjër për larjen e bukës

Drejtimet

a) Në një tas të vogël, bashkoni proshutën e gjelit të detit me majonezën. Lëreni mënjanë.
b) Pritini në kubikë ose grijeni ananasin dhe vendoseni mënjanë në një tas. Nëse e përdorni të freskët, hidheni me sheqer për shije.
c) Shtroni fetat e bukës. Në 4 prej tyre shpërndani ananasin. Në 4 të tjerat, fillimisht vendosni disa nga turshitë, më pas përzierjen e sallatës së proshutës së gjelit të detit, më pas pak qepë dhe Taleggio. Hidhni sipër me kujdes fetat e bukës të veshura me ananas për të formuar sanduiçe dhe shtypini së bashku fort. Lyejeni çdo anë lehtë me vaj ulliri.
d) Nxehni një tigan të rëndë jo ngjitës ose shtypje panini mbi nxehtësinë mesatare-të lartë. Vendosni sanduiçët në tigan, duke skuqur dhe shtypur, derisa ana e parë të jetë e freskët dhe e artë dhe djathi të fillojë të shkrihet; më pas duke përdorur spatulën tuaj dhe ndoshta me një ndihmë të vogël nga dora, ktheni me kujdes sanduiçët dhe gatuajeni nga ana e dytë, duke i shtypur derisa të marrin ngjyrë.
e) Kur sanduiçet të jenë të freskëta dhe të skuqura lehtë nga të dyja anët dhe djathi të

jetë shkrirë, hiqeni nga tigani, prisni në gjysmë dhe shërbejeni.

34. Një muffaletta e nxehtë

SHËRBON 4

Përbërësit:

- 4 role të buta franceze
- Vaj ulliri ekstra i virgjer
- Disa shkundje aty-këtu uthull vere të kuqe
- 4-6 thelpinj hudhër, të prera
- 3-4 lugë çaji kaperi, të kulluar
- 2-3 majë të mëdha rigon të tharë, të grimcuar
- ½ filxhan piper i kuq i pjekur ose i prerë në kubikë
- 4 speca të buta turshi, të tilla si greke ose italiane, të prera në feta
- ½ qepë e kuqe ose tjetër e butë, e prerë në feta shumë të hollë
- ½ filxhan ullinj jeshil të mbushur me pimiento, të prerë në feta
- 1 domate e madhe, e prere ne feta holle
- 4 oce sallam të thatë, të prerë hollë
- 4 ons proshutë, gjeldeti i tymosur

- 8 oce djathë provolone të prera hollë

Drejtimet

a) Hapni rolet dhe nxirrni pak nga brendësia e tyre me push. Spërkateni secilën anë të prerë me vaj ulliri dhe uthull, më pas me hudhrën, kaperin dhe rigonin. Në 1 anë të çdo roleje shtrojmë specin e kuq, specat turshi, qepën, ullinjtë, domatet, sallamin, proshutën dhe në fund djathin. Mbylleni fort dhe shtypni mirë së bashku për të ndihmuar në mbylljen.

b) Nxehni një tigan të rëndë që nuk ngjit mbi nxehtësinë mesatare-të lartë dhe lyejeni lehtë pjesën e jashtme të çdo roleje me vaj ulliri. Vendosni sanduiçët në tigan dhepeshë poshtë, ose vendosini në një shtypje panini.

c) Gatuani deri në kafe të artë nga njëra anë, më pas kthejeni dhe skuqeni anën e dytë. Sanduiçet janë gati kur të kenë marrë ngjyrë të artë dhe djathi të ketë rrjedhur pak dhe herë pas here të jetë fërguar. Pritini në gjysmë dhe hani menjëherë.

35.   Sanduiç kuban

SHËRBON 4

Përbërësit:

Salcë Mojo

- 2 lugë vaj ulliri ekstra të virgjër
- 8 thelpinj hudhre, te prera holle
- 1 filxhan lëng portokalli të freskët dhe/ose lëng grejpfruti
- ½ filxhan lëng limoni të freskët dhe/ose lëng limoni
- ½ lugë çaji kripë qimnon i bluar
- Piper i zi

sanduiçe

- 1 baguette e butë ose 4 role të gjata të buta franceze, të ndara
- Gjalpë i butë ose vaj ulliri për larje të bukës
- 6 ons proshutë të zier ose të pjekur me mjaltë të prera hollë
- 1 gjoks pule të gatuar, rreth 6 okë, i prerë në feta hollë

- 8 ons djathë me shije si Gouda, Manchego ose Edam, i prerë në feta
- 1 kopër, kopër kosher, ose turshi e ëmbël, e prerë në feta hollë
- Rreth 4 gjethe gjalpë ose marule Boston Bibb
- 2-3 domate të mesme, të pjekura, të prera në feta

Drejtimet

a) Për të bërë salcën Mojo: Ngrohni butësisht vajin e ullirit dhe hudhrën në një tigan të vogël të rëndë derisa hudhra të jetë pak e artë, por jo e skuqur, rreth 30 sekonda. Shtoni lëngjet e agrumeve, qimnonin, kripën dhe piperin sipas shijes dhe hiqeni nga zjarri. Lëreni të ftohet, shijoni dhe rregulloni për erëza. Zgjat deri ne 3 dite ne frigorifer. Bën 1 ½ filxhan.

b) Ngrohni paraprakisht broilerin.

c) Për të bërë sanduiçët: Nxirrni pak nga pjesa e brendshme me gëzof të secilës role. Hidheni bukën e nxjerrë ose rezervojeni për një përdorim tjetër. Lyejini të dyja anët e roleve me një sasi të vogël gjalpë të butë ose vaj ulliri. Thithni lehtë nën brojlerin në secilën anë, më pas hiqeni nga zjarri.

d) Spërkatni pak nga salca mojo në anët e prera të bukës, më pas shtrojini me proshutën, pulën, djathin dhe turshinë. Mbyllni mirë dhe shtypni së bashku për të ndihmuar në mbylljen dhe lyejeni lehtë pjesën e jashtme të sanduiçëve me vaj ulliri.

e) Nxehni një tigan të rëndë që nuk ngjit ose një shtypje panini mbi nxehtësinë mesatare-të lartë dhe skuqini sanduiçet, duke i rënduar ato. Ju dëshironi t'i shtypni sanduiçët sa më të sheshtë. Gatuani derisa të skuqet lehtë nga jashtë dhe djathi të fillojë të shkrihet. Skuqni sanduiçët me shpatull kur i ktheni për t'i shtypur ato gjithashtu.

f) Kur sanduiçët të jenë të freskët dhe të skuqur, hiqini nga tigani. Hapeni, shtoni marulen dhe domatet dhe shërbejeni menjëherë, me mojo shtesë anash.

36.   Djathë parizian i pjekur në skarë

SHËRBON 4

Përbërësit:

- 8 feta bukë e bardhë ose franceze e fortë, me shije dhe cilësi të mirë
- 4 feta të holla proshutë të zier ose të pjekur ose proshutë gjeldeti
- 2 lugë gjalpë të butë pa kripë
- 4 ons djathë të tipit Gruyère

Drejtimet

a) Ngrohni paraprakisht broilerin.
b) Vendosni 4 feta të bukës në një tepsi, më pas vendosni sipër proshutën dhe fetat e mbetura të bukës për të bërë sanduiçe. Lyejeni çdo sanduiç në pjesën e jashtme, më pas vendoseni nën brojler derisa të marrë një ngjyrë të lehtë të artë, kthejeni dhe skuqet nga ana e dytë.
c) Spërkateni djathin në të gjithë pjesën e sipërme të njërës anë të sanduiçëve, më pas kthejeni në brojler për disa momente ose derisa djathi të shkrihet dhe të flluskojë pak aty-këtu. Hani menjëherë me sallatë jeshile të vendosur pranë saj.

37. BocadillongaIshulli Ibiza

SHËRBON 4

Përbërësit:

- 4 role të mëdha të buta të stilit francez ose italian, mundësisht brumë kosi
- 6-8 thelpinj hudhër, të përgjysmuar
- 4-6 lugë vaj ulliri ekstra të virgjër
- 1 lugë gjelle pastë domate (opsionale)
- 2-3 domate të mëdha të pjekura, të prera hollë
- Spërkatje bujare e rigonit të tharë (mundësisht greke, siciliane ose spanjolle)
- 8 feta të holla jamon spanjoll ose proshutë e ngjashme si proshuto
- Rreth 10 ons djathë i butë dhe i shkrirë, por me shije, si p.sh. manchego, Idiazábal, Mahon, ose një djathë Kaliforni si semi secco i Ig Vella ose Jack
- Ullinj të përzier mesdhetar

Drejtimet

a) Ngrohni paraprakisht broilerin.
b) Pritini rrotullat dhe skuqeni lehtë në secilën anë nën broilerin.
c) Fërkojeni hudhrën në anën e prerë të secilës pjesë të bukës.
d) Lyejeni bukën e lyer me hudhër me vaj ulliri dhe lyeni pjesën e jashtme me pak më shumë vaj. Përhapeni lehtë me pastën e domates, më pas shtrojini domatet e prera në feta dhe lëngjet e tyre në role, duke shtypur pastën e domates dhe domatet në mënyrë që lëngjet të përthithen në bukë.
e) Spërkateni me rigon të grimcuar, më pas shtrojini me proshutën dhe djathin. Mbyllni dhe shtypni mirë së bashku, më pas lyejeni lehtë me vaj ulliri.
f) Nxehni një tigan të rëndë jongjitës ose shtypje panini mbi nxehtësinë mesatare-të lartë, më pas shtoni sanduiçët. Nëse përdorni një tigan, peshonisanduiçe poshtë.
g) Ulni zjarrin në mesatare-të ulët dhe gatuajeni derisa të skuqet lehtë nga jashtë dhe djathi të fillojë të shkrihet. Kthejeni dhe skuqeni në anën e dytë.

h) Pritini në gjysmë dhe shërbejeni menjëherë, me një grusht ullinj të përzier.

38. Domate dhe djathë Mahon mbi bukë ulliri

BËN4

Përbërësit:

- 10-12 gjethe të freskëta, të vogla të sherebelës
- 3 lugë gjalpë pa kripë
- 1 lugë gjelle vaj ulliri ekstra të virgjër
- 8 feta bukë fshati
- 4 ons proshuto, të prera hollë
- 10-12 ons djathë mali me shije të plotë si fontina, Beaufort i vjetër ose Emmentaler
- 2 thelpinj hudhër, të prera

Drejtimet

a) Në një tigan të rëndë që nuk ngjit, përzieni gjethet e sherebelës, gjalpin dhe vajin e ullirit së bashku mbi nxehtësinë mesatare-të ulët derisa gjalpi të shkrihet dhe të shkumëzohet.

b) Ndërkohë shtrojmë 4 feta buke, sipër i hedhim proshutën, më pas fontinën dhe më pas një spërkatje me hudhër. Vendoseni bukën e mbetur sipër dhe shtypni fort.

c) Vendosni butësisht sanduiçët në përzierjen e nxehtë të gjalpit të sherebelës; mund t'ju duhet t'i bëni ato në disa grupe ose të përdorni 2 tigane. Pesha menjë tigan të rëndë sipërpër të shtypur sanduiçët poshtë. Gatuani derisa të skuqet lehtë nga jashtë dhe djathi të fillojë të shkrihet. Kthejeni dhe skuqeni në anën e dytë.

d) Shërbejini sanduiçe të nxehtë dhe të freskët, të prerë në gjysma diagonale. Ose hidhni gjethet e sherebelës ose grijini ato, të freskëta dhe të skuqura.

39.   Emmentaler & DardhëSanduiç

SHËRBON 4

Përbërësit:

- 8 feta të holla dhimbje au levain, brumë kosi ose pompernikel i thartë
- 4 oce djathë Emmentaler, i prerë hollë
- 1 dardhë e pjekur, por e fortë, e paqëruar dhe e prerë shumë hollë
- 4 ons djathë Appenzell, i prerë në feta hollë
- Disa majë fara qimnoni Gjalpë i butë ose vaj ulliri për larjen e bukës

Drejtimet

a) Vendosni 4 feta të bukës në një sipërfaqe pune, më pas vendosni sipër një shtresë djathi Emmentaler, më pas dardhën, më pas pak djathë Appenzell dhe një spërkatje me fara qimnoni. Mbi çdo sanduiç me një fetë të dytë buke dhe shtypni fort së bashku që të mbyllen.
b) Lyejeni me pak gjalpë pjesën e jashtme të secilit sanduiç. Nxehni një tigan të rëndë që nuk ngjit ose një shtyp sanduiç mbi nxehtësinë mesatare-të lartë. Vendosni një peshë mbisanduiçe. Kafe, duke u kthyer një ose dy herë, derisa buka të jetë e freskët dhe e artë dhe djathi të jetë shkrirë.
c) Shërbejeni menjëherë.

40. Pumpernickel dhe Gouda të pjekura në skarë

SHËRBON 4

Përbërësit:

MUSTARD MAJDANOS-TRAGON

- 3 lugë mustardë me kokërr të plotë
- 3 lugë mustardë të butë Dijon
- 2 lugë majdanoz të freskët të copëtuar me gjethe të sheshta
- 1 lugë gjelle tarragon i freskët i copëtuar
- 1 thelpi i vogël hudhër, i grirë
- Disa pika uthull vere të kuqe ose të bardhë, për shije

sanduiçe

- 8 feta bukë e butë me pompenikeli të errët
- 8 ons Gouda të vjetruar, manchego, ose djathë të ngjashëm të vjetëruar me arra
- Gjalpë i butë ose vaj ulliri për larje të bukës

Drejtimet

a) Për të bërë mustardën me majdanoz-tarragon: Kombinoni mustardat me drithëra të plota dhe mustardat Dijon në një tas të vogël dhe përzieni majdanozin, tarragonin dhe hudhrën. Shtoni disa pika uthull për shije dhe lërini mënjanë. Bën rreth 1/3 filxhan.

b) Për të bërë sanduiçët: Vendosni 4 feta të bukës në një sipërfaqe pune. Shtoni një shtresë djathi, më pas shtoni copën e dytë të bukës. Shtypni së bashku dhe lyejeni lehtë ose lyejeni pjesën e jashtme me gjalpë.

c) Nxehni një tigan të rëndë jo ngjitës ose shtypje panini mbi nxehtësinë mesatare-të lartë dhe shtoni sanduiçët. Pesha me një sekondëtigandhe zvogëloni nxehtësinë në mesatare-të ulët. Gatuani derisa ana e parë të jetë e freskët dhe e artë, më pas kthejeni dhe gatuajeni anën e dytë derisa djathi të shkrihet.

d) Shërbejeni menjëherë, me mustardë majdanoz-tarragon anash, për ta lyer sipas dëshirës.

41.   Djathi Mahon mbi bukën e ullirit të zi

SHËRBON 4

Përbërësit:

- 8 feta bukë ulliri të zi
- 1 thelpi hudhër, e grirë imët
- 4 domate të mëdha, të majme, të pjekura, me shije
- 1-2 lugë çaji gjethe të freskëta trumze
- 8-10 ons Mahon, Gouda e pjekur ose djathë Mezzo Secco
- Vaj ulliri për larjen e bukës

Drejtimet

a) Spërkatni 4 nga fetat e bukës me hudhër, më pas shtrojini me domatet (leni që lëngjet e tyre të zhyten në bukë). I spërkasim fetat e domates me gjethet e trumzës.

b) Hidhni sipër një shtresë djathi, pastaj bukën e mbetur, për të formuar 4 sanduiçe. Shtypini së bashku që të mbyllen mirë. Lyejeni pjesën e jashtme të secilit me vaj ulliri.

c) Nxehni një tigan të rëndë që nuk ngjit ose shtypje sanduiç në nxehtësi mesatare-të lartë dhe shtoni sanduiçët, duke i rënduar ato. Skuqeni sanduiçët, duke i kthyer një ose dy herë, derisa buka të jetë e freskët dhe e artë dhe djathi të jetë shkrirë, të rrjedhë dhe të skuqet vetëm pak ndërsa bie në tigan.

d) Shërbejeni menjëherë.

42. Turqia e tymosur, Taleggio dheGorgonzola

SHËRBON 4

Përbërësit:

- 1 bukë italiane e butë, e sheshtë, e ajrosur, si ciabatta, ose 4 role të buta italiane/franceze; nëse janë të disponueshme gjysmë të pjekura, zgjidhni këto

- 6 ons djathë Gorgonzola, i prerë hollë ose i grimcuar trashë

- 8 oce gjeldeti i tymosur, i prerë në feta hollë

- 1 mollë mesatare ose 2 mollë të vogla të freskëta por me shije, me bërthamë, të paqëruara dhe të prera shumë hollë

- 6 ons djathë Taleggio, Teleme, Jack ose një djathë tomme de montagne, i prerë në 4 feta (nëse ta lini lëkurën Taleggio apo ta prisni atë varet nga ju; lëkura ka një aromë pak të fortë, të cilën disa e pëlqejnë, disa në mënyrë të prerë jo.)

- Vaj ulliri për larjen e bukës

Drejtimet

a) Pritini bukën në 4 copa të barabarta. Pritini çdo copë bukë horizontalisht, duke e lënë 1 anë të lidhur nëse është e mundur.

b) Hapni 4 copat e bukës. Në 1 shtresë anësore Gorgonzola, gjeldeti i tymosur dhe mollët e prera në feta në sasi të barabarta. Spërkateni me Taleggio dhe mbyllni sanduiçët lart, duke i shtypur fort që të mbyllen.

c) Lyejini sanduiçët, sipër dhe poshtë, me vaj ulliri, më pas ngrohni një tigan të rëndë që nuk ngjit mbi nxehtësinë mesatare-të lartë. Vendosni sanduiçët në tiganin e nxehtë dhe zvogëloni nxehtësinë menjëherë në shumë të ulët. Pesha sipër, ose përdorni shtypës sanduiçësh ose presës panini.

d) Gatuani derisa të marrin ngjyrë kafe të artë dhe të thekur, më pas kthejini dhe skuqini pak anët e dyta. Kontrolloni herë pas here për t'u siguruar që buka nuk digjet.

e) Shërbejeni sapo të jenë krokante të dyja anët dhe djathi të jetë shkrirë.

43. Jarlsberg i shkrirëmbi brumin e thartë

SHËRBON 4

Përbërësit:

- 8 feta buke me brumë kosi me trashësi mesatare
- 8 ons Jarlsberg ose një djathë i shkrirë i butë si Jack
- 2 speca të kuq të pjekur, të prerë në feta, ose 3 deri në 4 lugë speca të kuq të pjekur të copëtuar
- 2 thelpinj hudhre, te prera holle
- 2 lugë çaji gjethe rozmarine të freskëta të copëtuara, ose sipas shijes
- Vaj ulliri për larjen e bukës

Drejtimet

a) Vendosim 4 feta buke ne nje siperfaqe pune dhe lyejme me djathin, me pas shtojme specat e kuq, hudhren dhe rozmarinen. Hidhni sipër fetat e mbetura të bukës dhe shtypini së bashku butësisht. Lyejeni me pak vaj pjesën e jashtme të secilit sanduiç.

b) Nxehni një tigan të rëndë që nuk ngjit ose një shtypje sanduiç në nxehtësi mesatare-të lartë dhe shtoni sanduiçët, duke punuar në disa tufa nëse është e nevojshme. Uleni zjarrin në mesatare-të ulët, duke skuqur sanduiçët ngadalë (shtypni me shpatull për të ndihmuar të skuqen), derisa të skuqen lehtë nga jashtë dhe djathi të fillojë të shkrihet. Kthejeni dhe përsërisni në anën e dytë.

c) Shërbejeni çdo sanduiç të prerë në gjysmë ose në katërsh.

44. Torta e pulës, Queso Fresco dhe Gouda

SHËRBON 4

Përbërësit:

- 2 salcice sherebele/barishte (rreth 14 ons), ose derri, gjeldeti ose vegjetarian
- 6 ons Jack i grirë ose djathë mesatar Asiago
- 1-2 lugë gjelle (rreth 2 ons) djathë i vjetër i sapo grirë si parmixhan, locatelli Romano ose Jack i thatë
- 2 qepë të njoma, të prera hollë
- 2-3 lugë çaji salcë kosi Majë fara qimnoni Majë e vogël shafran i Indisë Pak mustardë kafe
- Një majë piper i kuq ose disa pika salcë piper djegës
- 8 feta të holla bukë me drithëra të plota (si manaferrat e grurit, farat e lulediellit ose gruri i mbirë)
- 2-3 lugë vaj ulliri ekstra të virgjër
- 3 thelpinj hudhre, te prera holle

- 1-2 limonë të konservuar në stilin maroken, të shpëlarë mirë dhe të prerë në feta ose të copëtuara
- 1-2 lugë çaji majdanoz të freskët me gjethe të sheshta të grira hollë

Drejtimet

a) Pritini përafërsisht salsiçet, më pas skuqini shpejt në zjarr mesatar në një tigan të vogël jo ngjitës. Hiqeni nga tigani, vendoseni në peshqir letre dhe lëreni të ftohet. Lëreni tiganin në sobë dhe fikni zjarrin.

b) Në një tas mesatar, përzieni së bashku 2 djathërat me qepët e njoma, salcën e thartë, farat e qimnonit, shafranin e Indisë, mustardën dhe piperin e kuq. Kur sallami të jetë ftohur, përzieni në djathë.

c) Mblidhni 4 feta buke me përzierjen e djathit dhe sallamit, më pas vendosni sipër një copë të dytë buke. Përkuleni mirë dhe shtypeni lehtë, por fort në mënyrë që sanduiçi të qëndrojë së bashku.

d) Nxehni përsëri tiganin në nxehtësi mesatare në të lartë dhe shtoni rreth gjysmën e vajit të ullirit dhe hudhrës, më pas shtyjeni hudhrën në njërën anë dhe shtoni 1 ose 2 sanduiçe, sado që tigani të mbajë. Gatuani derisa të skuqet lehtë nga njëra anë dhe djathi të fillojë të shkrihet.

e) Kthejeni dhe gatuajeni anën e dytë derisa të marrë ngjyrë kafe të artë. Hiqeni në një pjatë dhe përsëriteni me sanduiçët e tjerë, hudhrat dhe vajin. Ju ose mund ta hidhni hudhrën e skuqur lehtë ose ta kafshoni; sido qe te beni hiqeni nga tigani para se te nxihet pasi vajit i jep shije te hidhur nese digjet.

f) Shërbejini sanduiçët menjëherë, të nxehtë, të prerë në trekëndësha dhe të spërkatura me limon të konservuar dhe majdanoz të grirë.

45. Panini iPatëllxhan Parmigiana

SHËRBON 4

Përbërësit:

- ¼ filxhan vaj ulliri ekstra të virgjër, ose sipas dëshirës, i ndarë
- 1 patëllxhan mesatar, i prerë në feta ½ deri në ¾ inç të trashë
- Kripë
- 4 role të mëdha të buta, brumë kosi ose të ëmbël
- 3 thelpinj hudhër, të prera
- 8 gjethe të mëdha borziloku të freskët
- Rreth ½ filxhan djathë rikota
- 3 lugë gjelle djathë parmixhano, pecorino ose locatelli Romano të sapo grirë
- 6-8 ons djathë të freskët mocarela
- 4 domate të pjekura me lëng, të prera hollë (përfshirë lëngjet e tyre)

Drejtimet

a) Vendosini fetat e patëllxhanit në një dërrasë prerëse dhe spërkatini me bollëk kripë. Lëreni të qëndrojë për rreth 20 minuta ose derisa pikat e lagështisë të shfaqen në sipërfaqen e patëllxhanit. Shpëlajeni mirë, më pas thajeni patëllxhanin.

b) Ngrohni 1 lugë gjelle vaj në një tigan të rëndë që nuk ngjit mbi nxehtësinë mesatare. Shtoni sa më shumë patëllxhanë që do të përshtatet në një shtresë të vetme dhe të mos grumbulloni njëra-tjetrën. Skuqini fetat e patëllxhanit, duke i lëvizur përreth në mënyrë që të skuqen dhe të zihen, por të mos digjen.

c) Kthejeni dhe gatuajeni nga ana e dytë derisa edhe ajo anë të skuqet lehtë dhe patëllxhani të jetë i butë kur shpohet me pirun. Kur patëllxhani të jetë gatuar, hiqeni në një pjatë ose tigan dhe vazhdoni të shtoni patëllxhanë derisa të jenë gatuar të gjitha. Lëreni mënjanë për disa minuta.

d) Hapni rolet dhe tërhiqni pak nga pjesa e brendshme me gëzof, më pas spërkatni secilën anë të prerë me hudhër të copëtuar. Në njërën anë të secilës role, vendosni një fetë ose 2 patëllxhanë, më pas vendosni sipër një gjethe ose 2 borzilok, pak djathë rikota, një spërkatje me parmixhan dhe një shtresë mocarela. Përfundoni me domate të prera në feta; mbylleni dhe shtypni butësisht për t'u mbyllur së bashku.

e) Ngrohni të njëjtën tigan mbi nxehtësinë mesatare në të lartë ose përdorni një shtypës panini dhe lyeni sanduiçët me pak vaj ulliri nga jashtë. Kafni ose grijini sanduiçet, duke i shtypur sa të skuqen dhe të jenë të freskëta.

f) Kur ana e parë të jetë skuqur, kthejeni dhe skuqeni anën e dytë derisa djathi të shkrihet. Shërbejeni menjëherë.

46. Patëllxhanë dhe Chaumes të pjekur në skarë,

SHËRBON 4

Përbërësit:

KUQ CHILI AIOLI

- 2-3 thelpinj hudhër, të grira
- 4-6 lugë majonezë Lëng $\frac{1}{2}$ limoni ose gëlqereje (rreth 1 lugë gjelle ose sipas shijes)
- 2-3 lugë çaji djegës pluhur 1 lugë çaji paprika
- $\frac{1}{2}$ lugë çaji qimnon i bluar Me majë të madhe gjethe të thata të rigonit, të grimcuara
- 2 lugë vaj ulliri ekstra të virgjër
- Disa shakes salcë kili me tym të tillë si Chipotle Tabasco, ose Buffala
- 2 lugë gjelle cilantro të freskët të grirë në mënyrë të trashë
- 1 patëllxhan, i prerë në mënyrë tërthore në feta $\frac{1}{4}$ deri në $\frac{1}{2}$ inç të trasha vaj ulliri
- 4 role të buta të bardha ose me brumë kosi, ose 8 feta bukë të bardhë ose të thartë në stilin e vendit

- ¾ filxhan speca të kuq dhe/ose të verdhë të pjekur të marinuar, mundësisht në shëllirë (të blerë, osetë bëra vetë,)
- Rreth 12 ons djathë gjysmë të butë por me shije

Drejtimet

a) Për të bërë Aioli djegës të kuq: Në një tas të vogël, kombinoni hudhrën me majonezën, lëngun e limonit, pluhurin djegës, paprikën, qimnonin dhe rigonin; i trazojmë mirë që të bashkohen. Me lugën tuaj ose një kamxhik rrihni vajin e ullirit, duke shtuar vajin disa lugë çaji dhe duke e rrahur derisa të futet në përzierje përpara se të shtoni pjesën tjetër.

b) Kur të jetë e qetë, tundeni me salcën e tymosur të kilit për shije dhe në fund përzieni cilantron. Mbulojeni dhe ftoheni derisa të jeni gati për përdorim. Bën rreth 1/3 filxhan.

c) Për të përgatitur patëllxhanin, lyejini me furçë fetat e patëllxhanit me vaj ulliri dhe ngrohni një tigan të rëndë që nuk ngjit mbi nxehtësinë mesatare-të lartë. I skuqim fetat e patëllxhanëve nga secila anë derisa të skuqen lehtë dhe të zbuten kur shpohen me pirun. Le menjane.

d) Për të bërë sanduiçët: Shtroni roletë e hapura të buta dhe shtrojini ato me djegës të kuq bujarisht në brendësi. Shtroni fetat e patëllxhanit në njërën anë të roleve, më pas specat dhe më pas një shtresë djathi. Mbyllni dhe shtypni mirë së bashku. Lyejeni lehtë pjesën e jashtme të secilit sanduiç me vaj ulliri.

e) Ngroheni përsëri tiganin mbi nxehtësinë mesatare-të lartë, më pas shtoni sanduiçët dhe zvogëloni nxehtësinë në mesatare-të ulët. Pesha poshtësanduiçe, dhe gatuajeni për disa minuta. Kur buka e poshtme të jetë e artë dhe të skuqet pak në vende, kthejeni dhe gatuajeni anën tjetër, të peshuar në mënyrë të ngjashme.

f) 5Kur edhe ajo anë është e artë dhe e freskët, djathi duhet të shkrihet dhe të shkrihet; mund të jetë duke rrjedhur pak dhe duke gërvishtur siç ndodh. (Mos i hidhni këto copa të shijshme krokante, thjesht vendosini në secilën pjatë së bashku me sanduiçin.)

g) Hiqni sanduiçët në pjata; priteni në gjysmë dhe shërbejeni.

h) Smoky Bacon dhe Cheddarme Chipotle Relish

i) Një shije e tymosur nga çipota, një njollë me mustardë të mprehtë, proshutë e tymosur me mish dhe Cheddar i fortë i athët - nuk ka asgjë delikate në këtë sanduiç me shije të madhe. Provoni shijimin e çipotles në një hamburger, gjithashtu! Një gotë cerveza me një pykë gëlqere në anë i afrohet perfeksionit.

47. Kërpudha dhe djathë i shkrirë nëPain au Levain

SHËRBON 4

Përbërësit:

- 1-1½ ons porcini të thatë ose cèpes,
- Rreth ½ filxhan krem i trashë
- Kripë
- Disa kokrra piper kajen
- Disa pika lëng limoni të freskët
- ½ lugë çaji niseshte misri, i përzier me 1 lugë çaji ujë
- 8 feta pain au levain ose bukë tjetër franceze
- Rreth 1 lugë gjelle gjalpë të butë për lyerje në bukë
- 2 thelpinj hudhre, te grira holle
- 8-10 ons pecorino me feta, fontina ose djathë Mezzo Secco
- 4 lugë djathë parmixhano të sapo grirë
- Rreth ¼ filxhan qiqra të freskëta të grira hollë

Drejtimet

a) Në një tenxhere të rëndë, bashkoni kërpudhat dhe 2 gota ujë. Lërini të vlojnë, më pas ulni zjarrin dhe ziejini derisa lëngu të jetë gati të avullojë dhe kërpudhat të jenë zbutur, 10 deri në 15 minuta.

b) E përziejmë kremin dhe e kthejmë në zjarr për disa minuta, më pas e rregullojmë me kripë, vetëm një ose dy kokërr kajen dhe vetëm një ose dy pikë lëng limoni.

c) Përzieni përzierjen e niseshtës së misrit dhe ngroheni në zjarr mesatar-të ulët derisa të trashet. Duhet të trashet sapo skajet të fillojnë të flluskojnë. Për shkak se kremi mund të ndryshojë në trashësi, nuk ka asnjë mënyrë për të ditur saktësisht se sa niseshte misri do t'ju nevojitet.

d) Pasi të trashet mjaftueshëm, lëreni përzierjen në temperaturën e dhomës të ftohet. Ajo do të trashet më tej ndërsa ftohet. Ju dëshironi një konsistencë të trashë të përhapur.

e) Shtroni të gjithë bukën dhe lyeni 1 anë të secilës fetë shumë lehtë me gjalpë. I kthejmë të gjitha, më pas në 4 prej tyre spërkasim hudhrën. Hidhni sipër fetat e pekorinos, disa nga copat e kërpudhave nga salca dhe një spërkatje me parmixhan.

f) Në 4 copat e tjera të bukës (anën e pa lyer me gjalpë), shtrojmë trashë salcën e kërpudhave. Mbyllni sanduiçët fort. Anët e lyera me gjalpë do të jenë nga jashtë.

g) Nxehni një tigan të rëndë që nuk ngjit mbi nxehtësinë mesatare-të ulët. Shtoni sanduiçët, 1 ose 2 në të njëjtën kohë, në varësi të madhësisë së tavës dhe peshoni ato me njëtigan i rëndë).

h) Gatuani derisa buka të marrë ngjyrë të artë dhe të skuqet lehtë në disa vende, të jetë e lezetshme dhe djathi të fillojë të rrjedhë. Kthejeni dhe përsërisni derisa ana e dytë të jetë e artë dhe e freskët si e para, duke shtuar hudhrën e grirë në tigan për minutën e fundit të gatimit. Djathi duhet të jetë i lëngshëm deri më tani, me disa copa të rrjedhura dhe të skuqura lehtë në buzë të kores.

i) E vendosim në një pjatë, e presim në gjysmë ose në katërsh dhe e spërkasim pjatën me qiqra. Hani menjëherë. Nuk ka asgjë më të njomur sa një sanduiç me djathë të ftohtë të pjekur në skarë.

48. siciliane Djathë i zierme Kaperi & Angjinarja

SHËRBON 4

Përbërësit:

- 4-6 zemra angjinare të marinuara, të prera në feta
- 4 feta të trasha bukë fshati, të ëmbla ose të thartë
- 12 ons provolone, mocarela, manouri ose djathë tjetër i butë dhe i shkrirë, i grirë
- 2 lugë vaj ulliri ekstra të virgjër
- 4 thelpinj hudhra, te prera shume holle ose te grira
- Rreth 2 lugë gjelle uthull vere të kuqe
- 1 lugë gjelle kaperi në shëllirë, të kulluar
- 1 lugë çaji rigon të tharë të thërrmuar
- Disa bluarje piper i zi
- 1-2 lugë çaji majdanoz të freskët me gjethe të sheshta të copëtuara

Drejtimet

a) Ngrohni paraprakisht broilerin.
b) Rregulloni angjinaret mbi bukë dhe vendosini në një tepsi, më pas lyeni me djathë.
c) Në një tigan të rëndë që nuk ngjit, ngrohni vajin e ullirit mbi nxehtësinë mesatare në të lartë, më pas shtoni hudhrën dhe skuqeni lehtë. Shtoni uthullën e verës së kuqe, kaperin, rigonin dhe piperin e zi dhe gatuajeni një ose dy minuta, ose derisa lëngu të ulet në rreth 2 lugë çaji. Përzieni majdanozin. Hidhni me lugë bukën e mbuluar me djathë.
d) Ziejini derisa djathi të shkrihet, flluska dhe të marrë ngjyrë të artë në pika. Hani menjëherë.

49. Skalopinasanduiç & Pesto

SHËRBON 4

Përbërësit:

- Dy gjoks pule pa lëkurë 4 deri në 5 ons pa kocka ose copa mish derri, gjeldeti ose viçi
- Kripë
- Piper i zi
- 2 lugë vaj ulliri ekstra të virgjër, të ndara
- 3 thelpinj hudhra, të grira, të ndara
- 2 kunguj të njomë, të prera shumë hollë dhe të thara
- 2 lugë pesto borziloku, ose sipas shijes
- 2 lugë djathë parmixhano të grirë, grana ose locatelli Romano
- 4 role të buta me brumin e thartë, ose katër copa fokacie 6 inç, të përgjysmuara
- 8-10 ons mocarela, fontina shtëpiake ose daneze, ose djathë Jack, i prerë në feta

Drejtimet

a) Thithni mishin me një çekiç mishi; nëse është e trashë, presim pulën në copa shumë të holla. Spërkateni me kripë dhe piper.

b) Nxehni një tigan të rëndë që nuk ngjit mbi nxehtësinë mesatare dhe më pas shtoni 1 lugë gjelle vaj, mishin dhe në fund rreth gjysmën e hudhrës. Skuqeni mishin shpejt nga njëra anë, pastaj nga ana tjetër, më pas hiqeni nga tigani dhe derdhni mishin me lëng dhe hudhër.

c) Kthejeni tiganin në nxehtësi mesatare-të lartë dhe shtoni një tjetër lugë çaji vaj. Skuqeni kungull i njomë derisa të zbutet. Hiqeni në një tas; sezonin me kripë dhe piper. Kur të jetë ftohur, përzieni hudhrën e mbetur, peston dhe djathin parmixhano. Lëreni përzierjen të ftohet në një tas; shpëlajeni dhe thajeni tiganin.

d) Me gishta, hiqni pak nga pjesa e brendshme me gëzof të çdo roleje për t'i hapur rrugë mbushjes. Ngroheni përsëri tiganin mbi mesataren e lartë dhe skuqni lehtë anët e prera të secilës role. Do t'ju duhet t'i shtypni pak; ata mund të grisen pak, por kjo është në rregull. Ata do të kthehen përsëri bashkë pasi të skuqen dhe të shtypen me mbushjen e tyre në vend.

e) Në gjysmën e secilës role, vendosni disa lugë gjelle me përzierjen e kungujve të njomë-pesto, më pas vendosni sipër një shtresë mishi dhe mocarela. Mbyllni dhe shtypni fort së bashku që të mbyllen mirë.

f) Lyejeni vajin e mbetur në pjesën e jashtme të sanduiçëve. Ngroheni përsëri tiganin mbi nxehtësinë mesatare-të lartë.Sanduiçe me peshëpër t'i ndihmuar t'i shtypni dhe t'i mbani së bashku. Ulni nxehtësinë në mesatare-të ulët dhe gatuajeni derisa ana e parë të jetë e freskët dhe e artë dhe djathi të fillojë të shkrihet. Kthejeni dhe përsërisni.

g) Shërbejeni kur sanduiçët të kenë marrë ngjyrë të artë dhe djathi të shkrihet në mënyrë joshëse.

50.   Sanduiçe Quesadillas, Piadine & Pita

SHËRBON 4

Përbërësit:

- 12 ons dhi të freskët 3 thelpinj hudhër, të copëtuara
- Rreth 1 inç copë xhenxhefil të freskët, të copëtuar trashë (rreth 2 lugë çaji)
- 3-4 lugë gjelle gjethe menteje të freskëta të grira në mënyrë të trashë
- 3-4 lugë gjelle cilantro të freskët të grirë në mënyrë të trashë
- 3 lugë kos të thjeshtë
- $\frac{1}{2}$ lugë çaji sheqer, ose për shije një majë e madhe kripë
- Disa shkundje të mira të Tabaskos ose salcë tjetër të nxehtë, ose $\frac{1}{2}$ kili i freskët, i copëtuar
- 8 tortilla me miell
- Djathë me një lëkurë të tillë si Lezay ose Montrachet, i prerë në feta $\frac{1}{2}$ deri në $\frac{3}{4}$ inç të trashë

- Vaj ulliri për pastrimin e tortillave

Drejtimet

a) Në një përpunues ushqimi ose blender, bëni pure hudhrën me xhenxhefilin, më pas shtoni nenexhikun, cilantron, kosin, sheqerin, kripën dhe salcën e nxehtë. Rrotulloni derisa të formohet një pastë e gjelbër, pak e trashë.

b) Shtroni 4 tortilla dhe lyejini fillimisht me përzierjen e cilantro-mentës, më pas një shtresë djathi dhie dhe sipër me tortillat e tjera.

c) Lyejeni lehtë pjesën e jashtme të secilit sanduiç me vaj ulliri dhe gatuajeni, një nga një, në një tigan të rëndë jo ngjitës mbi nxehtësinë mesatare. I kaurdisim për disa minuta derisa të marrin ngjyrë të artë në njolla, duke i shtypur pak me spatulën teksa gatuhen.

d) Kthejeni me kujdes duke përdorur shpatullën; kur ana e dytë është e njollosur me ngjyrë kafe dhe ar, djathi duhet të shkrihet. E heqim nga tava dhe e presim në copa.

e) Shërbejeni menjëherë.

51. Mocarela, Basil Piadine

SHËRBON 4

Përbërësit:

- 4 tortilla me miell piadine ose mesatare (12 inç).
- 3-4 lugë pastë domate
- 1 domate e madhe e pjekur, e prerë në feta hollë
- 1-2 thelpinj hudhër, të prera
- 4-6 ons djathë mocarela e freskët, e prerë në feta
- Rreth 12 gjethe borziloku tajlandez ose vietnamez (ose borzilok i zakonshëm)
- Rreth 3 ons djathë Gorgonzola, i prerë në feta ose i thërrmuar
- 2-3 lugë gjelle parmezan të sapo grirë ose djathë tjetër të grirë si Asiago ose grana
- Vaj ulliri ekstra i virgjër për spërkatje

Drejtimet

a) Ngrohni paraprakisht broilerin.
b) Shtroni piadinën në 1 ose 2 fletë pjekjeje dhe lyeni me pak pastë domate, më pas shtrojini me një sasi të vogël domate dhe spërkatni me hudhër. Hidhni sipër mocarelën, borzilokun dhe Gorgonzolen, spërkatni me parmixhanin dhe më pas spërkatni me vaj ulliri.
c) Ziejini, duke punuar në tufa nëse është e nevojshme, derisa djathi të shkrihet dhe sanduiçët të jenë të nxehtë. Shërbejeni menjëherë.

52.   Quesadillas në Tortillas me Kungull

SHËRBON 4

Përbërësit:

- 2 djegës të mëdhenj të gjelbër të butë si Anaheim ose poblano, ose 2 speca zile jeshile
- 1 qepë, e grirë
- 2 thelpinj hudhër, të prera
- 1 lugë gjelle vaj ulliri ekstra të virgjër
- 1 kile mish viçi pa dhjamë
- $1/8 - 1/4$ lugë çaji kanellë të bluar, ose për shije
- $1/4$ lugë çaji qimnon i bluar
- $1/3$ filxhanë sheri të thatë, ose verë të kuqe të thatë
- $1/4$ filxhan rrush të thatë
- 2 lugë pastë domate
- 2 luge sheqer
- Disa tundje verë të kuqe ose uthull sheri
- Kripë
- Piper i zi

- Disa shake me kajenë, ose tabasko nëse përdorni speca zile në vend të djegës
- ¼ filxhan bajame të grira trashë
- 2-3 lugë gjelle cilantro të freskët të grirë në mënyrë të trashë, plus shtesë për zbukurim
- 8 tortilla me kunguj
- 6-8 ons djathë të butë si Jack, Manchego ose Mezzo Secco
- Vaj ulliri për pastrimin e tortillave
- Rreth 2 lugë salcë kosi për zbukurim

Drejtimet

a) Piqini specat djegës ose specat mbi një flakë të hapur derisa të karbonizohen lehtë dhe në mënyrë të barabartë në të gjithë. Vendoseni në një qese plastike ose tas dhe mbulojeni. Lëreni mënjanë për të paktën 30 minuta, pasi avulli ndihmon në ndarjen e lëkurave nga mishi.

b) Përgatitni picadillon: Kaurdisni qepën dhe hudhrën në vaj ulliri në zjarr mesatar derisa të zbuten, më pas shtoni mishin e viçit dhe gatuajeni së bashku, duke e trazuar dhe copëtuar mishin ndërsa gatuani. Kur mishi të jetë skuqur në njolla, spërkateni me kanellë, qimnon dhe karafil dhe vazhdoni zierjen dhe trazimin.

c) Shtoni sherin, rrushin e thatë, pastën e domates, sheqerin dhe uthullën. Gatuani së bashku për rreth 15 minuta, duke e përzier herë pas here; nëse duket e thatë, shtoni pak ujë ose më shumë sheri. I rregullojmë me kripë, piper dhe kajen dhe rregullojmë sheqerin dhe uthullën sipas shijes. Shtoni bajamet dhe cilantron dhe lërini mënjanë.

d) Hiqni lëkurën, kërcellin dhe farat nga specat, më pas pritini specat në rripa.

e) Shtroni 4 nga tortillat dhe lyeni me picadillo. Shtoni shiritat e piperit të pjekur, më pas një shtresë djathi dhe sipër secilit me një tortilla të dytë. Shtypni fort për t'i mbajtur ato së bashku.
f) Nxehni një tigan të rëndë që nuk ngjit mbi nxehtësinë mesatare-të lartë. Lyejeni me vaj ulliri anët e jashtme të quesadillave dhe i shtoni në tigan duke i punuar në tufa.
g) Uleni nxehtësinë në mesatare-të ulët, kafe nga njëra anë, më pas kthejeni me kujdes duke përdorur shpatullën me drejtimin e dorës nëse është e nevojshme. Gatuani nga ana e dytë derisa të marrë ngjyrë të artë në pika dhe djathi të shkrihet.
h) Shërbejeni menjëherë, të prerë në copa, të zbukuruara me një copë salcë kosi dhe cilantro.

53. Pepperoni, Provolone & Pecorino Pita!

SHËRBON 4

Përbërësit:

- 4 pite
- ½ filxhan speca të kuq dhe/ose të verdhë të pjekur, të qëruar dhe të prerë në feta
- 2 thelpinj hudhër, të prera
- 4 ouncë peperoni, të prera hollë
- 4 oce djathë provolone, i prerë në kubikë
- 2 lugë djathë pecorino të sapo grirë
- 4 speca turshi italiane ose greke si peperoncini, te prera ne feta holle
- Vaj ulliri për pastrimin e pitës

Drejtimet

a) Prisni 1 anë të çdo pite dhe hapini për të formuar xhepa.
b) Shtroni specat, hudhrat, specat, provolonen, pekorinon dhe specat në secilën pite dhe shtypini për të mbyllur. Lyejini pak nga jashtë me vaj ulliri.
c) Nxehni një tigan të rëndë që nuk ngjit mbi nxehtësinë mesatare-të lartë ose përdorni një prodhues sanduiç ose shtypës panini. Vendosni sanduiçët në tigan.
d) Ulni nxehtësinë në minimum dhe peshonisanduiçe poshtë, duke i shtypur ndërsa i skuqni. Gatuani vetëm derisa djathi të shkrihet; ju nuk dëshironi që djathrat të marrin ngjyrë kafe dhe të freskët, thjesht për të mbajtur të gjitha mbushjet së bashku.
e) Shërbejeni menjëherë.

54.   Quesadillas djathë dele të pjekur në skarë

SHËRBON 4

Përbërësit:

- 8 tortilla të mëdha me miell
- 1 lugë gjelle tarragon i freskët i copëtuar
- 2 domate të mëdha të pjekura, të prera hollë
- 8-10 ons djathë deleje pak të thatë
- Vaj ulliri, për pastrimin e tortilave

Drejtimet

a) Shtroni tortillat në një sipërfaqe pune, spërkatni me tarragon dhe shtrojini me domate. Spërkateni me djathë dhe mbulojeni secilën me një tortilla të dytë.

b) Lyejeni çdo sanduiç me vaj ulliri dhe ngrohni një tigan të rëndë që nuk ngjit ose skarë të sheshtë mbi nxehtësinë mesatare. Duke punuar 1 nga një, gatuajeni quesadilla nga njëra anë; kur të jetë lyer lehtë me ngjyrë kafe të artë dhe djathi të jetë shkrirë, e kthejmë nga ana tjetër dhe e gatuajmë anën e dytë, duke e shtypur ndërsa piqet që të rrafshohet.

c) Shërbejeni menjëherë, të prerë në copa.

55. Cheddar i pjekur në skarë, Chutney & Salsiçe

SHËRBON 4

Përbërësit:

- 1-2 salsiçe pikante të shijshme, të prera diagonalisht
- 4 pite gruri integrale, xhepat u hapën
- 3-4 lugë gjelle chutney mango të ëmbël dhe pikante
- 2 lugë gjelle cilantro të freskët të copëtuar
- 6-8 ons djathë çedar i pjekur, i grirë në mënyrë të trashë
- 1 lugë vaj ulliri për larje të bukës
- 3 lugë fara luledielli të thekura të prera

Drejtimet

a) I skuqim salsiçet e prera në një tigan mbi nxehtësinë mesatare. I lëmë mënjanë që të kullojnë në peshqir letre.

b) Vendosini pitet në një sipërfaqe pune. Lyejmë 1 gjysmën e pjesës së brendshme me chutney, më pas shtojmë salsiçen, cilantron dhe në fund djathin. Shtypeni lehtë për t'u mbyllur dhe lyeni pjesën e jashtme me vaj ulliri.

c) Ngrohni një tigan të rëndë që nuk ngjit mbi nxehtësinë mesatare-të lartë ose përdorni një shtypës panini. Shtoni pitet e mbushura dhe shtypini lehtë; zvogëloni nxehtësinë në mesatare ose edhe mesatare-të ulët. Gatuani nga njëra anë derisa të marrë një ngjyrë të lehtë të artë në pika dhe djathi të shkrihet; kthejeni dhe skuqeni lehtë nga ana e dytë. Kur djathi të jetë shkrirë, hiqeni nga tigani.

d) Shërbejeni menjëherë, të spërkatur me fara luledielli dhe ofroni chutney shtesë anash për lyerje.

56. Proshuto & Taleggio me Fiq në Mesclun

SHËRBON 4

Përbërësit:

- 8 feta shumë të holla bukë me brumë kosi ose baguette
- 3 lugë vaj ulliri ekstra të virgjër, të ndara
- 3-4 oce proshuto, e prerë në 8 feta
- 8 ons djathë të pjekur Taleggio, i prerë në tetë copa $\frac{1}{4}$ inç të trasha
- 4 grushte të mëdha përzierje pranverore sallate (mesclun)
- 2 lugë qepë të freskët të grirë
- 2 lugë gjelle të freskët të grirë
- 1 lugë gjelle lëng limoni të freskët Kripë
- Piper i zi
- 6 fiq të zinj të pjekur, të prerë në katër pjesë
- 1-2 lugë çaji uthull balsamike

Drejtimet

a) Lyejeni bukën lehtë me një sasi të vogël vaj ulliri dhe vendoseni në një tepsi. 2 Ngrohni furrën në 400°F. Vendoseni bukën në raftin më të lartë dhe piqni rreth 5 minuta, ose derisa sapo të kenë filluar të bëhen të freskëta. Hiqeni dhe lëreni të ftohet, rreth 10 minuta.

b) Kur të ftohet, mbështillni fetat e proshutës rreth fetave Taleggio dhe vendosni secilën sipër një copë bukë. Lëreni mënjanë një moment ndërsa përgatitni sallatën.

c) Përziejini zarzavatet me rreth 1 lugë gjelle vaj ulliri, qiqrat dhe kërpudhat, më pas hidhini me lëng limoni, kripë dhe piper sipas shijes. Rregulloni në 4 pjata dhe zbukurojeni me çerek fiku.

d) Lyejeni majat e parcelave të mbështjella me proshuta me vajin e mbetur të ullirit, më pas vendosini në një tigan të madh kundër furrës dhe piqini për 5 deri në 7 minuta, ose derisa djathi të fillojë të rrjedhë dhe proshuta të skuqet rreth skajeve.

e) Hiqni shpejt parcelat dhe vendosini në secilën sallatë, më pas tundni uthullën balsamike në tiganin e nxehtë. Rrotulloni në mënyrë që të ngrohet, më pas hidheni mbi sallata dhe bukë të thekur. Shërbejeni menjëherë.

57. Fontiname rukolën, Mizuna& Dardha

SHËRBON 4

Përbërësit:

- 8 feta bukë kosi Rreth 6 ons bresaola, feta hollë

- 6-8 ons djathë arra, me shije, të shkrirë si fontina, Jarlsberg ose Emmentaler

- Rreth 4 filxhanë të përzier rukole dhe mizuna për bebe, ose zarzavate të tjera të buta si përzierje pranverore

- 2 dardha te pjekura por te forta, te prera holle ose te prera, te hedhura ne pak leng limoni qe te mos skuqen

- 1 qepe e grirë

- 1 luge uthull balsamike

- 2 lugë vaj ulliri ekstra të virgjër, plus më shumë për larjen e kripës

- Piper i zi

Drejtimet

a) Vendosim 4 copa buke ne nje siperfaqe pune dhe nga njera ane shtrojme bresaolen me pas lyejme djathin dhe perfundojme duke i lyer me fetat e tjera te brumit te tharte. Shtypni së bashku lehtë, por fort për t'u mbyllur.

b) Ndërkohë përziejmë zarzavatet në një tas me dardhat e prera në feta. Le menjane.

c) Në një tas të vogël, përzieni qepën me uthull balsamike dhe 2 lugë vaj ulliri, më pas e rregulloni me kripë dhe piper sipas shijes. Le menjane.

d) Lyejini sanduiçet me një sasi të vogël vaj ulliri. Ngrohni një shtypje sanduiç ose një tigan të rëndë jo ngjitës mbi nxehtësinë mesatare-të lartë, më pas vendosni sanduiçët në tigan. Ndoshta do t'ju duhet ta bëni këtë në 2 grupe. Peshoni sanduiçët. Gatuani derisa buka të jetë e freskët dhe e artë, më pas kthejeni dhe përsërisni nga ana e dytë, derisa djathi të shkrihet.

e) Pak para se sanduiçët të jenë gati, hidhni sallatën me salcë. Shpërndani sallatën në 4 pjata. Kur sanduiçët të jenë gati, hiqini nga

tigani, pritini në katërsh dhe vendosni 4 në çdo pjatë sallatë.
f) Shërbejeni menjëherë.

58. Chèvre sanduiçenë sallatë

SHËRBON 4

Përbërësit:

- Rreth ½ 2 bagutë, të prera në 12 feta diagonale rreth ½ inç të trasha
- 2 lugë vaj ulliri ekstra të virgjër, ose sipas nevojës
- 3 ons djathë dhie me një lëkurë, si Lezay, i prerë në feta ¼ deri në ½ inç të trashë
- Një majë bujare me gjethe trumze të thata ose të freskëta
- Piper i zi
- 1 lugë gjelle uthull vere të kuqe, e ndarë
- Rreth 6 filxhanë zarzavate të përziera, të tilla si përzierje pranverore, duke përfshirë pak frizee të re dhe rukola
- 2 lugë majdanoz të freskët të grirë, qiqra, qepë ose një kombinim
- 1 luge vaj arre
- ¼ filxhan copa arre

Drejtimet

a) Ngrohni paraprakisht broilerin.
b) Lyejini fetat e baguettes me pak vaj ulliri, më pas vendosini në një tepsi dhe ziejini për rreth 5 minuta, ose derisa të marrin ngjyrë të artë nga njëra anë. Hiqeni nga broileri.
c) Kthejeni bukën e thekur dhe në anët e pangopura vendosni një fetë ose 2 nga djathi i dhisë. Sasia që përdorni për sanduiç do të varet nga sa të mëdha janë fetat tuaja të baguette. Lyejini majat me pak vaj ulliri, spërkatni trumzën dhe piper të zi, më pas tundni disa pika uthull mbi djathrat.
d) Ndërkohë hidhni sallatën me barishtet e grira dhe lyeni me vajin e arrës dhe vajin e mbetur të ullirit dhe uthullën dhe spërkatni me copat e arrës. Rregulloni në 4 pjata të mëdha ose në tas supë të cekët.
e) Vendosni bukën e thekur me majën e djathit të dhisë nën brojler dhe ziejini për rreth 5 minuta, ose derisa djathi të zbutet dhe pjesa e sipërme sapo të fillojë të flluskojë në disa vende, ngjyra e djathit ka një nuancë kafe të artë.
f) Vendosni menjëherë 3 sanduiçe të nxehtë djathi dhie sipër sallatës së veshur në çdo pjatë dhe shërbejeni menjëherë.

59. Sanduiçe Halloumi të zierame Gëlqere

SHËRBON 4

Përbërësit:

- 1 kokë gjalpë ose marule Boston Bibb, e prerë dhe e ndarë në gjethe
- 1 qepë e bardhë e butë, e qëruar dhe e prerë hollë në mënyrë tërthore
- 4 lugë vaj ulliri ekstra të virgjër, të ndara
- 1 lugë çaji uthull vere të bardhë
- 3 domate të mëdha të pjekura, të prera në copa
- Kripë
- Piper i zi
- ½ bagutë, e prerë në 12 feta diagonale rreth ½ inç të trasha
- 12 ons halloumi, i prerë në feta rreth ½ inç i trashë
- 2 lime, te prera ne copa (ose rreth 2 luge gjelle leng lime te fresket) nje maje rigon te thare

Drejtimet

a) Ngrohni paraprakisht broilerin.
b) Në një tas të madh, hidhni së bashku marulen dhe qepën, më pas lyeni me rreth 2 lugë vaj ulliri dhe uthull. Ndani në 4 pjata, më pas zbukurojeni secilën me copa domate; spërkatni sallatat me kripë dhe piper dhe lërini mënjanë.
c) Lyejini fetat e baguettes me pak vaj ulliri, vendosini në një tepsi dhe ziejini lehtë nga të dyja anët. Le menjane.
d) Vendosim hallumin në një tepsi dhe lyejmë me pak vaj ulliri. Ziejini nga njëra anë derisa të skuqen në njolla, më pas hiqeni. Ktheni çdo fetë djathi dhe vendoseni sipër një bukë të thekur, më pas lyejeni sërish me vaj ulliri dhe kthejeni në brojler. Ziejini derisa të nxehet dhe të skuqet lehtë në njolla.
e) Vendosni 3 bukë të thekur të nxehtë të veshur me halumi në secilën sallatë, shtrydhni lëng lime mbi hallumin dhe lëreni të derdhet pak mbi sallata. Spërkateni me rigon dhe shërbejeni.

60. TartufiDolli&Sallatë rukole

SHËRBON 4

Përbërësit:

- 4 feta mjaft të trasha dhimbje au levain, secila fetë e ndarë

- Rreth 2 lugë çaji vaj tartufi, ose për shije (shijet e vajrave të ndryshëm të tartufit priren të ndryshojnë shumë)

- 2 djathë të pjekur St. Marcellin (rreth 2 ½ ons secili)

- Një majë kripë

- Rreth 8 ons gjethe të reja rukole (rreth 4 gota të paketuara lirshëm)

- 2 lugë vaj ulliri ekstra të virgjër Disa shkundje uthull sheri

Drejtimet

a) Ngrohni furrën në 400°F.
b) Vendosini copat e dhimbjes au levain në një tepsi dhe skuqini lehtë në furrë nga të dyja anët. Hiqeni nga furra dhe spërkatni secilën me pak vaj tartufi, më pas vendosni rreth 1 lugë gjelle djathë St. Marcellin sipër çdo tosti.
c) Spërkateni djathin lehtë me pak kripë. Kthejeni në furrë për disa çaste.
d) Ndërkohë rregullojmë rukolën në 4 pjata. Shkundni mbi çdo pjatë pak vaj ulliri, pak vaj tartufi dhe disa pika aty-këtu uthull sheri. Mos i hidhni, thjesht lërini pikat të shtrihen në pjata.
e) Hiqini dollitë e djathit nga furra pas vetëm 30 deri në 45 sekonda. Ju nuk dëshironi që djathi të shkrihet plotësisht ose të skuqet dhe të bëhet me vaj; dëshironi që thjesht të bëhet paksa e ngrohtë dhe kremoze.
f) Vendosni 4 bukë të thekur në çdo pjatë sallate dhe shërbejeni menjëherë.

61. Tost me luleshtrydhe dhe krem djathi

SHËRBON 4

Përbërësit:

- 8 feta me trashesi mesatare buke e bardhe e bute dhe e embel, si challah ose brioshe
- 8-12 lugë (rreth 8 ons) krem djathi (me pak yndyrë është mirë)
- Rreth ½ filxhan konserva luleshtrydhe
- 1 filxhan (rreth 10 ons) luleshtrydhe të prera në feta
- 2 vezë të mëdha, të rrahura lehtë
- 1 e verdhe veze
- Rreth ½ filxhan qumësht (me pak yndyrë është mirë)
- Një ekstrakt vanilje dash
- Sheqeri
- 2-4 lugë gjalpë pa kripë
- ½ lugë çaji lëng limoni të freskët
- ½ filxhan salcë kosi
- Disa degë mente të freskët, të prera hollë

Drejtimet

a) I lyejmë 4 fetat e bukës trashë me krem djathin duke u ngushtuar pak anash që krem djathi të mos dalë në gatim, më pas 4 fetat e tjera të bukës i lyejmë me konservat.
b) Shpërndani një shtresë të lehtë luleshtrydhesh sipër kremit të djathit.
c) Mbi çdo copë bukë të lyer me djathë hidhni një copë bukë të përhapur me konservë. Shtypeni butësisht, por fort për të mbyllur.
d) Në një tas të cekët, bashkoni vezët, të verdhën e vezës, qumështin, ekstraktin e vaniljes dhe rreth 1 lugë gjelle sheqer.
e) Nxehni një tigan të rëndë që nuk ngjit mbi nxehtësinë mesatare-të lartë. Shtoni gjalpin. Zhytni çdo sanduiç, 1 nga një, në enën me qumësht dhe vezë. Lëreni të njomet për një moment ose 2, më pas kthejeni dhe përsërisni.
f) Vendosni sanduiçët në një tigan të nxehtë me gjalpin e shkrirë dhe lërini të zihen në kafe të artë. Kthejeni dhe skuqni lehtë anët e dyta.
g) Ndërkohë, luleshtrydhet e mbetura i bashkojmë me sheqerin sipas shijes dhe lëngun e limonit.

h) Shërbejeni çdo sanduiç sapo të jetë gati, zbukuruar me një lugë ose 2 luleshtrydhe dhe një copë kosi.
i) I spërkasim edhe me pak nga nenexhiku.

62. Puding bukesanduiçe

SHËRBON 4

Përbërësit:

- ¾ filxhan sheqer kafe të lehtë të paketuar
- ¼ filxhan sheqer, i ndarë
- 5-6 karafil
- 1/8 lugë çaji kanellë të bluar, plus shtesë për tundje sipër
- 1 mollë e madhe e shijshme si Granny Smith, e paqëruar dhe e prerë hollë
- ¼ filxhan rrush të thatë
- ½ lugë çaji ekstrakt vanilje
- 8 feta të trasha (¾- deri në 1 inç) bukë franceze, mundësisht bajate
- 6-8 ons djathë i butë i shkrirë si Jack, ose një Cheddar shumë i butë i bardhë, i prerë në feta
- ½ filxhan bajame të zbardhura ose arra pishe të grira
- Rreth 3 lugë gjelle gjalpë
- 1 luge vaj ulliri

Drejtimet

a) Inë një tenxhere me fund të rëndë, kombinoni sheqerin kaf me 2 lugë sheqer, karafilin dhe kanellën. Shtoni 2 gota ujë dhe përzieni mirë.

b) Vendoseni në zjarr mesatar-të lartë dhe lëreni të vlojë, më pas zvogëloni nxehtësinë në mesatare-të ulët, derisa lëngu të formojë një zierje të lehtë me flluska. Gatuani për 15 minuta, ose derisa të formohet një shurup. Shtoni fetat e mollës dhe rrushin e thatë, më pas gatuajeni edhe 5 minuta të tjera. Hiqeni nga zjarri dhe shtoni vaniljen.

c) Arenditni fetat e bukës në një sipërfaqe pune. Hidhni një lugë shurup të nxehtë mbi secilën copë bukë, disa lugë gjelle për copë. Kthejeni me kujdes secilën pjesë dhe hidhni me lugë shurup të nxehtë mbi anët e dyta. Lëreni për rreth 30 minuta.

d) Hidhni pak më shumë shurup mbi bukë, përsëri rreth një lugë gjelle ose më shumë për çdo fetë bukë. Buka do të bëhet mjaft e butë dhe rrezikon të copëtohet pasi thith shurupin e ëmbël, prandaj kini kujdes kur e përdorni. Lini edhe 15 minuta të tjera ose më shumë.

e) Vendosni një fetë djathë sipër 4 fetave të bukës së njomur. Mbushni secilën me rreth $\frac{1}{4}$ e mollëve, rrushit të thatë dhe një spërkatje me bajame (rezervo disa për në fund). Sipër shtoni fetat e mbetura të bukës për të formuar 4 sanduiçe. Shtypni së bashku.

f) Nxehni një tigan të rëndë që nuk ngjit mbi nxehtësinë mesatare dhe më pas shtoni rreth 1 lugë gjelle gjalpë dhe vaj ulliri. Kur gjalpi të marrë shkumë dhe të marrë ngjyrë, shtoni sanduiçët. Ulni nxehtësinë në mesatare dhe gatuajeni, duke e shtypur lehtë me spatulën. Rregulloni nxehtësinë ndërsa sanduiçët marrin ngjyrë, duke e ulur sipas nevojës për të mbajtur sheqerin në shurup të skuqet, por jo të digjet.

g) Ktheni sanduiçët disa herë, duke shtuar më shumë gjalpë në tigan, duke u kujdesur që sanduiçët të mos prishen ndërsa i ktheni. Shtypeni herë pas here, derisa pjesa e jashtme e sanduiçëve të skuqet dhe të jetë e freskët dhe djathi të shkrihet.

h) Një minutë ose 2 para se të arrijnë në këtë gjendje, hidhni bajamet e mbetura në tigan dhe lërini të skuqen lehtë dhe të skuqen. Spërkatni sanduiçët dhe bajamet me 2 lugët e mbetura sheqer.

i) Shërbejeni menjëherë, çdo sanduiç të spërkatur me bajame të thekura.

63.   Burger me drithëra dhe djathë

Rendimenti: 4 porcione

Përbërësit:

- 1½ filxhan Kërpudha, të copëtuara
- ½ filxhan Qepë të njoma, të copëtuara
- 1 lugë margarinë
- ½ filxhan Tërshërë të mbështjellë, të rregullt
- ½ filxhan oriz kaf, i gatuar
- ⅔ filxhan Djathë i grirë, mocarela
- Ose çedër
- 3 lugë arra, të grira
- 3 lugë gjizë ose djathë rikota
- Pak yndyre
- 2 vezë të mëdha
- 2 lugë majdanoz, të grirë
- Kripë, piper

Drejtimet

a) Në një tigan 10 deri në 12 inç që nuk ngjit mbi nxehtësinë mesatare, gatuajini kërpudhat dhe qepët e njoma në margarinë derisa perimet të jenë të çalë, rreth 6 minuta. Shtoni tërshërën dhe përzieni për 2 minuta.

b) Hiqeni nga zjarri, lëreni të ftohet pak, më pas përzieni orizin e zier, djathin, arrat, gjizën, vezët dhe majdanozin. Shtoni kripë dhe piper për shije. Në një fletë pjekjeje të lyer me vaj 12X15 inç formoni 4 peta, secila ½ inç e trashë.

c) Ziejini 3 inç nga nxehtësia, duke e kthyer një herë, gjithsej 6 deri në 7 minuta. Shërbejeni në bukë me majonezë, rrathë qepë dhe marule.

64. Burger zi angus me djathë çedër

Rendimenti: 1 porcione

Përbërësit:

- 2 paund viçi i grirë Angus
- 3 speca poblano të pjekur në skarë, me fara dhe; feta në të tretat
- 6 feta djathë çedar i verdhë
- 6 role hamburgeri
- Sallatë dushku e kuqe bebe
- Qepë të kuqe turshi
- Vinaigrette me piper Poblano
- Kripë dhe piper i zi i sapo bluar

Drejtimet

a) Përgatitni një zjarr me dru ose qymyr dhe lëreni të digjet deri në prush.

b) Në një tas të madh përzierjeje, rregulloni viçin angus me kripë dhe piper. Lëreni në frigorifer derisa të jeni gati për përdorim. Kur të jetë gati për t'u përdorur, formoni disqe 1 inç të trashë.

c) Piqeni në skarë për pesë minuta nga secila anë për të rralla mesatare. Gjatë pesë minutave të fundit, spërkatni me djathë çedër. Pasi të keni mbaruar pjekjen në skarë, në gjysmën e rolesë vendosni burgerin dhe sipër me lis të kuq, speca poblano, vinegrette dhe qepë të kuqe turshi. Shërbejeni menjëherë.

65. Sanduiç me djathë amerikan dhe domate të pjekur në skarë

Rendimenti: 4 racione

Përbërësit:

- 8 feta Bukë e bardhë
- Gjalpë
- Mustardë e përgatitur
- 8 feta djathë amerikan
- 8 feta domate

Drejtimet

a) Për çdo sanduiç, lyeni me gjalpë 2 feta bukë të bardhë. I lyejmë anët e pa lyer me mustardë të përgatitur dhe vendosim 2 feta djathë amerikan dhe dy feta domate midis bukës, anët e lyera me gjalpë.

b) E skuqim në një tigan nga të dyja anët ose e kaurdisim në skarë derisa djathi të shkrihet.

66.   Mollë dhe djathë të pjekur në skarë

Rendimenti: 2 porcione

Përbërësit:

- 1 mollë e vogël Red Delicious
- ½ filxhan gjizë me 1% yndyrë të ulët
- 3 lugë qepë lejla e grirë imët
- 2 kifle angleze me brumë të thartë, të ndarë dhe të thekur
- ¼ filxhan Djath blu i grimcuar

Drejtimet

a) Thërrmoni mollën dhe priteni në mënyrë tërthore në 4 unaza (¼ inç); le menjane.

b) Bashkoni gjizën dhe qepën në një tas të vogël dhe përzieni mirë. Përhapeni rreth 2-½ lugë gjelle përzierje gjizë në secilën gjysmë kifle.

c) Mbi çdo gjysmë kifle hidhni 1 unazë molle; spërkatni djathin blu të thërrmuar në mënyrë të barabartë mbi unazat e mollës. Vendoseni në një fletë pjekjeje.

d) Ziejeni 3 inç nga nxehtësia për 1-½ minuta ose derisa djathi blu të shkrihet.

## 67.	Parcela me patëllxhanë dhe djathë të pjekur në skarë

Rendimenti: 1 porcion

Përbërësit:

- 250 gramë patëllxhanë për bebe; prerë në feta
- 4 lugë vaj ulliri
- 250 gram djathë dhie të fortë
- Lëkura e grirë dhe lëngu i 1 limoni
- 1 20 gram majdanoz të freskët me gjethe të sheshta; i grirë imët
- 1 15 gram gjethe borziloku; i grisur në copa
- Kripë dhe piper i zi i sapo bluar

Drejtimet

a) Ngrohni grilën në një nxehtësi të moderuar.

b) Vendosni fetat e patëllxhanit në një tigan grill dhe lyeni lehtë me 1-2 lugë vaj. Gatuani për 2-3 minuta nga secila anë ose deri në kafe të artë dhe të butë. Lëreni të ftohet.

c) Në një tas, bashkoni djathin e prerë në kubikë me lëkurën dhe lëngun e limonit dhe pak majdanoz me gjethe të sheshta dhe borzilokun.

d) Vendosni një copë djathë mbi një fetë patëllxhani. Rrotulloni dhe sigurojeni me një shkop kokteji. Përsëriteni këtë proces derisa të përdoren të gjithë përbërësit.

e) Vendosni roletë në një tas për servirje, spërkatni me vajin e mbetur dhe spërkatni me barishtet e mbetura dhe aromatizoni.

68. Sanduiçe me djathë blu të pjekur në skarë me arra

Rendimenti: 1 porcion

Përbërësit:

- 1 filxhan djathë blu i grimcuar; (rreth 8 ons)
- ½ filxhan arra të thekura të grira hollë
- 16 feta bukë gruri integral; shkurtohet në
- ; 3 inç pa kore
- ; katrore
- 16 degëza të vogla lakërishte
- 6 lugë gjelle gjalpë; (3/4 shkop)

Drejtimet

a) Ndani djathin dhe arrat në mënyrë të barabartë midis 8 katrorëve të bukës. Mbi secilin me 2 degë lakërishtë.

b) I spërkasim me piper dhe sipër i hedhim katrorët e mbetur të bukës, duke bërë gjithsej 8 sanduiçe. Shtypni së bashku butësisht për t'u ngjitur. (Mund të bëhet 4 orë përpara. Mbulojeni dhe ftohuni.)

c) Shkrini 3 lugë gjalpë në një tigan ose tigan të madh që nuk ngjit mbi nxehtësinë mesatare. Gatuani 4 sanduiçe në tigan derisa të marrin ngjyrë kafe të artë dhe djathi të shkrihet, rreth 3 minuta nga çdo anë.

d) Transferimi në dërrasën e prerjes. Përsëriteni me 3 lugë gjelle gjalpë të mbetur dhe 4 sanduiçe.

e) Pritini sanduiçet diagonalisht në gjysmë. Transferoni në pjata dhe shërbejeni.

69. Sanduiçe me djathë çedër dhe proshutë të pjekur në skarë

Rendimenti: 1 porcione

Përbërësit:

- ¼ filxhan (1/2 shkop) gjalpë; temperatura e dhomës
- 1 lugë gjelle mustardë Dijon
- 2 lugë çaji Trumzë e freskët e grirë
- 2 lugë çaji majdanoz i freskët i grirë
- 8 feta 6x4 inç bukë të stilit të vendit; (rreth 1/2 inç i trashë)
- ½ paund djathë çedër; të prera hollë
- ¼ paund proshutë të tymosur të prerë hollë
- ½ qepë e kuqe e vogël; të prera hollë
- 1 domate e madhe; të prera hollë

Drejtimet

a) Përzieni 4 përbërësit e parë në një tas. I rregullojmë me kripë dhe piper. Vendosni 4 feta buke në sipërfaqen e punës.

b) Ndani gjysmën e djathit në mënyrë të barabartë midis fetave të bukës. Hidhni sipër proshutën, më pas qepën, domaten dhe djathin e mbetur. Mbi sanduiçet me bukën e mbetur. Përhapeni gjalpë barishtore në pjesën e jashtme të sipërme dhe të poshtme të sanduiçëve.

c) Nxehni tiganin e madh që nuk ngjit mbi nxehtësinë mesatare. Shtoni sanduiçe dhe gatuajeni derisa fundi të marrë ngjyrë të artë, rreth 3 minuta. Kthejini sanduiçet, mbuloni tiganin dhe gatuajeni derisa djathi të shkrihet dhe buka të marrë ngjyrë të artë, rreth 3 minuta.

70. Party Djathë dhe proshutë të pjekur në skarë

Rendimenti: 100 porcione

Përbërësit:

- 12 paund proshutë; feta
- 5 3/16 paund djathë
- 2 paund gjalpë print me siguri
- 200 feta buke

Drejtimet

a) Skuqni proshutën

b) Vendosni 1 fetë djathë dhe 2 feta proshutë në çdo sanduiç.

c) Lyejeni me furçë lehtë sipër dhe fund sanduiçëve me gjalpë ose margarinë.

d) Piqini në skarë derisa sanduiçët të jenë skuqur lehtë nga secila anë dhe djathi të shkrihet.

71. Brusketa me djathë të pjekur në skarë

Rendimenti: 4 racione

Përbërësit:

- 8 feta (1/2 inç) të trasha bukë të vendit
- ¼ filxhan vaj ulliri të përzier me 4 thelpinj hudhër të shtypur
- 1 filxhan djathë Monterey Jack, i grirë imët
- 8 ons Djathë të butë dhie
- 2 lugë Piper i zi i grirë trashë
- 2 lugë gjelle rigon i grirë imët

Drejtimet

a) Ngrohni skarë. Lyejeni çdo fetë bukë me vaj hudhre. Grijini, lyeni me vaj deri në kafe të lehtë.

b)Ktheni çdo fetë dhe sipër me 2 lugë gjelle Monterey Jack, 1 ons djathë dhie, piper të zi dhe rigon.

c) Grijeni derisa djathi sapo të fillojë të shkrihet.

72. Kafshët e djathit të pjekur në skarë

Rendimenti: 4 porcione

Përbërësit:

- 8 feta Brumë i thartë ose me shumë kokrra
- Bukë
- ½ filxhan salcë boronicë
- 6 ons gjeldeti, i gatuar dhe i prerë në feta
- 4 ons djathë çedër, i butë ose
- Të mprehta, të prera hollë
- Gjalpë

Drejtimet

a) Përhapeni 4 feta bukë me salcë boronicë: sipër me gjelin e detit, djathin dhe fetat e mbetura të bukës.

b) Përhapeni lehtë jashtë sanduiçeve me gjalpë; gatuajeni në një tigan të madh në zjarr mesatar-të ulët derisa të skuqet nga të dyja anët.

73. Djathë i pjekur në skarë në tost francez

Rendimenti: 4 porcione

Përbërësit:

- 2 vezë -- të rrahura
- $\frac{1}{4}$ filxhan qumësht
- $\frac{1}{4}$ filxhan sheri të thatë
- $\frac{1}{4}$ lugë çaji salcë Worcestershire
- 8 feta bukë të bardhë ose bukë gruri integral
- 4 feta djathë çedër

Drejtimet

a) Në një tas të cekët, kombinoni vezët, qumështin, sherry dhe Worcestershire.

b) Mblidhni 4 sanduiçe djathi, më pas zhytni secilën në përzierjen e vezëve dhe grijini ngadalë në gjalpë, duke i kthyer një herë për të marrë të dyja anët ngjyrë kafe të artë.

74.　　　Bukë djathi i pjekur në skarë

Rendimenti: 10 porcione

Përbërësit:

- 1 pako (3 oz.) krem djathi; i zbutur
- 2 lugë gjelle gjalpë ose margarinë; i zbutur
- 1 filxhan djathë mocarela e grirë
- ¼ filxhan qepë të gjelbra të copëtuara me majë
- ½ lugë çaji kripë hudhër
- 1 copë bukë franceze; feta

Drejtimet

a) Në një tas rrahim krem djathin dhe gjalpin. Shtoni djathin, qepët dhe kripën e hudhrës; përzieni mirë. Përhapeni në të dyja anët e çdo fete buke. Mbështilleni bukën në një copë të madhe petë të rëndë; mbyllni fort.

b) Grijini, të mbuluar, mbi qymyr mesatar për 8-10 minuta, duke e kthyer një herë. Hape fletë metalike; piqni në skarë 5 minuta më gjatë.

75. Byrek sanduiç me djathë të pjekur në skarë

Rendimenti: 4 porcione

Përbërësit:

- 1 vezë
- 1 filxhan Qumesht
- ¾ filxhan miell
- 2½ filxhan djathë Meunster -- i grirë
- ½ lugë çaji kripë
- 2 gota proshutë, proshutë të grimcuar --
- Të prera në kubikë
- ⅛ lugë çaji Piper
- Kërpudha
- 1 lugë çaji rigon
- Specat

Drejtimet

a) Në një tas të vogël përzierës, bashkoni vezën, miellin, kripën, piperin dhe gjysmën e qumështit.

b) Duke përdorur një rrahëse rrotulluese, rrihni derisa të jetë e qetë. Shtoni qumështin e mbetur dhe rrihni derisa të përzihet mirë. Përzieni ½ e djathit dhe proshutën ose proshutën dhe derdhni në një tavë byreku 8 inç të lyer mirë ose në enë pjekjeje prej 2 litrash.

c) Piqeni në 425F për 30 minuta. Spërkateni djathin e mbetur sipër dhe piqni derisa djathi të shkrihet (2 minuta)

76. Djathë i pjekur në skarë me angjinare

Rendimenti: 4 porcione

Përbërësit:

- 2 lugë çaji mustardë Dijon
- 8 ons Rola sanduiç, (4 rrotulla) të ndara dhe të thekura
- ¾ ons feta djathi amerikan pa yndyrë, (8 feta)
- 1 filxhan Zemra artiçoke të konservuara të kulluara në feta
- 1 domate, e prerë në feta 1/4 inç të trashë
- 2 lugë salcë italiane pa vaj

Drejtimet

a) Përhapeni ½ lugë çaji mustardë në gjysmën e sipërme të çdo roleje; le menjane.

b) Vendosni gjysmat e poshtme të roleve në një fletë pjekjeje. Sipër secilit me 2 feta djathi, ¼ filxhan angjinarja të prera në feta dhe 2 feta domate; spërkatni secilën me 1-½ lugë çaji salcë. Ziejini 2 minuta ose derisa djathi të shkrihet. Mbulojeni me role në majë. Rendimenti: 4 racione.

77. Djathë i pjekur në skarë me olivada

Rendimenti: 1 porcione

Përbërësit:

- 2 feta Bukë e bardhë ose me vezë; (Çallah)
- Sasi e vogël majonezë
- Djathë zviceran
- Feta të holla domate të pjekura
- Kripë dhe piper

Drejtimet

a) Përhapeni çdo fetë bukë me olivada dhe pak majonezë.

b) Sandwich një ose dy feta djathë në mes të bukës, me ose pa një fetë domate.

c) Skuqeni ose piqeni sanduiçin në skarë nga secila anë derisa djathi të shkrihet.

78. Djathë i pjekur në skarë me gjelin e tymosur dhe avokado

Rendimenti: 1 porcione

Përbërësit:

- 3 ons mocarela me qumësht të plotë
- ½ avokado Kaliforniane e pjekur fort
- 2 lugë gjelle gjalpë pa kripë; i zbutur
- 4 feta pompernikeli i fortë
- 1 lugë gjelle mustardë Dijon
- 6 ons gjeldeti i tymosur i prerë hollë
- Mund të përgatitet për 45 minuta ose më pak.

Drejtimet

a) Përhapeni gjalpë në njërën anë të çdo fete buke dhe ktheni fetat nga ana tjetër.

b) Përhapeni mustardë në fetat e bukës dhe sipër 2 fetat me mocarela, avokado dhe gjelin e detit.

c) I lyejmë gjelin e detit me kripë dhe piper dhe sipër i hedhim 2 fetat e mbetura të bukës, anët e lyera me gjalpë lart.

d) Nxehni një tigan të rëndë në nxehtësi mesatare derisa të nxehet, por jo tymosur dhe gatuajini sanduiçe derisa buka të jetë e freskët dhe djathi të shkrihet, rreth $1\frac{1}{2}$ minutë nga secila anë.

e) Shërbejini sanduiçe me sallatë me kastravec.

79. Pulë e pjekur në skarë mbi dolli me djathë dhie

Rendimenti: 1 porcion

Përbërësit:

- 125 gram djathë dhie
- 1 thelpi hudhër; i grimcuar
- Gjysmë limoni; gjallëria e
- 50 gram ullinj të zi; me gurë dhe të copëtuar
- 1 gjoks pule
- Vaj ulliri
- 1 fetë bukë fshati
- Disa gjethe majdanozi të sheshta
- 1 Shallot e vogël; feta

Drejtimet

a) Bashkoni katër përbërësit e parë dhe lërini mënjanë.

b) E rregullojmë pulën, e lyejmë me vaj ulliri dhe e pjekim në skarë për 6-8 minuta nga secila anë ose derisa të gatuhet.

c) Grijeni bukën në skarë dhe më pas përhapeni në përzierjen e djathit. Pritini pulën dhe rregulloni sipër.

d) Në fund hidhni majdanozin dhe qepën në pak vaj ulliri dhe vendosini sipër.

80. Sandviç me djathë të pjekur në skarë

Rendimenti: 2 racione

Përbërësit:

- 4 feta Bukë e bardhë ose gruri
- 2 lugë çaji djegës çipotle pure
- 5 ons djathë -- i grirë ose hollë
- 1 domate e pjekur -- e prerë në feta
- Qepë e kuqe e prerë hollë
- Cilantro lë -- trashë
- Të copëtuara
- Gjalpë i butë

Drejtimet

a) Përhapeni çdo copë buke me shtresë të hollë djegës pure, ose më shumë nëse ju pëlqen sanduiçi shumë i nxehtë.

b) Mbulojeni fetën e poshtme me një shtresë djathi, feta domate dhe qepë dhe sa më shumë cilantro të dëshironi. Hidhni sipër fetën e dytë të bukës dhe lyejeni me gjalpë.

c) Vendoseni sanduiçin, me anë të gjalpit poshtë, në një tigan prej gize. Lyejeni pjesën e sipërme të bukës me gjalpë gjithashtu dhe gatuajeni sanduiçin ngadalë.

d) Kur të marrë ngjyrë kafe të artë në fund, kthejeni atë dhe gatuajeni nga ana tjetër. Mbulesa e tiganit do të ndihmojë në shkrirjen e djathit në kohën kur buka të jetë e skuqur dhe e artë.

e) Hani menjëherë.

83. Gjoks pule me djathë të dyfishtë të pjekur në skarë

Rendimenti: 4 racione

Përbërësit:

- 3 ons krem djathi, i zbutur
- ½ filxhan Djath blu i grimcuar
- ¼ filxhan arra të grira
- 3 lugë qiqra të ndara
- ¾ lugë çaji Piper, i ndarë
- 8 Gjoks pule pa kocka dhe pa lëkurë
- ½ filxhan Gjalpë
- 1 thelpi hudhër, e madhe, e grirë

Drejtimet

a) Kombinoni djathërat, arrat, 1 lugë gjelle qiqra dhe ¼ lugë çaji piper; le menjane. Grini gjoksin e pulës në një trashësi të barabartë, rreth ¼ inç.

b) Përhapeni rreth 1 lugë gjelle përzierje djathi në qendër të 4 gjysmave të gjoksit të pulës, duke lënë një kufi prej ½ inç nga të gjitha anët; rezervoni përzierjen e mbetur të djathit.

c) Sipër shtoni gjysmat e mbetura të gjoksit.

d) Mbyllni mirë skajet duke i rrahur me furçë mishi. Kombinoni gjalpin, hudhrën, 2 lugë të mbetura qiqra dhe ½ lugë çaji piper në një tenxhere të vogël. Ngroheni mbi mesatare-të ulët derisa gjalpi të shkrijë. Hiqeni nga zjarri. Lyejeni pulën me furçë me përzierje gjalpi.

e) Vendoseni pulën në skarë mbi qymyr mesatar; skarë pa mbuluar 12 deri në 16 minuta, duke e rrotulluar një herë ose derisa mishi i pulës të jetë gatuar dhe lëngu të dalë i pastër.

f) Në fund të kohës së gatimit, vendosni kukull me përzierjen e mbetur të djathit në çdo shërbim. Shërbejeni menjëherë.

84. Fileto viçi i pjekur në skarë me djathë blu

Rendimenti: 4 racione

Përbërësit:

- 3 deri në 4 ons Djath blu, i thërrmuar
- 6 Të verdhat e vezëve
- 1 lugë çaji Emeril's Worcestershire
- Salcë
- Lëng nga 1 limon
- Kripë dhe e zezë e plasaritur
- Piper
- ½ filxhan krem i trashë
- 6 (8 ons) fileto viçi
- 2 lugë vaj ulliri
- Thelbi
- 1½ paund Patate të reja, të prera në katër pjesë
- 1 gjalpë ngjitëse (8 lugë gjelle)
- Në kubikë
- Kripë, për shije

- ½ filxhan krem i rëndë
- 1 kile proshutë krokante, e copëtuar
- ½ filxhan salcë kosi
- 3 gota Emeril's Homemade
- Salcë Worcestershire
- Ndjek
- 2 lugë qepë jeshile të grira

Drejtimet

a) Në një përpunues ushqimi me një teh metalik, bëni pure djathin, të verdhat, salcën Worcestershire dhe lëngun e 1 limoni së bashku, derisa të jenë të lëmuara, rreth 2 minuta. I rregullojmë me kripë dhe piper të grirë.

b) Me makinën në punë, shtoni ngadalë ½ filxhan krem dhe përzieni derisa të bëhet kadife dhe krem.

c) Nëse djathi nuk ka një strukturë si fjongo, shtoni pak më shumë krem. I rregullojmë të dyja anët e filetove me 1 lugë vaj ulliri, kripë dhe piper të zi të grirë. Në një tigan të madh, ngrohni vajin e mbetur të ullirit.

d) Kur vaji të jetë i nxehtë, ziejini filetot për 2 minuta nga të gjitha anët. Hiqni filetot nga tava dhe vendosini në një tavë të veshur me pergamenë.

e) Hidhni me lugë djathin mbi çdo fileto. Vendosni filetot në furrë dhe piqini për 8 deri në 10 minuta për të rralla mesatare. Vendosni patatet në tenxhere dhe mbulojini me ujë. Sezoni ujin me kripë. Lëngun e lëmë të vlojë dhe e zvogëlojmë në zjarr të ngadaltë.

f) Gatuani patatet derisa të zbuten, rreth 10 minuta. I largojmë patatet nga zjarri dhe i kullojmë. Vendosini patatet sërish në tigan.

g) Vendoseni tiganin përsëri në sobë, mbi nxehtësinë mesatare dhe trazoni patatet për 1 minutë, kjo do të largojë ujin e tepërt nga patatet. Shtoni gjalpin dhe kremin. I rregullojmë me kripë dhe piper. Grini patatet derisa të jenë pak të lëmuara. Palosni proshutën dhe kosin në pure patatesh.

h) Nëse është e nevojshme, ripërpunoni patatet. Për t'i shërbyer, grumbulloni patatet në qendër të çdo pjate. Vendosni filetot direkt mbi patate. Hidhni me lugë çdo salcë të mbetur nga tava e pjekjes mbi çdo fileto. Hidhni me lugë salcën Worcestershire mbi çdo fileto. Dekoroni me qepë të njoma.

85. Sanduiçe me djathë fantazmë dhe kunguj të pjekur në skarë

Rendimenti: 16 racione

Përbërësit:

- 16 feta Bukë e bardhë ose me grurë integrale
- 8 feta Djathë i bardhë si Jack
- 4 ullinj të mëdhenj të zinj pa kokrra
- 8 feta djathë çedër
- 1 kanaçe Ullinj të zinj të grirë
- 4 ullinj të mëdhenj jeshil pa kokrra
- 12 feta pimento

Drejtimet

a) Shtypni prerësin fantazmë të biskotave në 1 fetë bukë. Prisni dhe hidhni bukën e tepërt rreth prestarit; lëmë mënjanë copën e bukës në formë fantazme. Përsëriteni me 7 feta bukë të tjera. Duke përdorur prerësin e biskotave me kungull, prisni bukën e mbetur në forma kungulli në të njëjtën mënyrë.

b) Dolli "fantazmat" dhe "kunguj" nën broiler deri në kafe të artë, rreth 1 minutë. Kthejeni dhe përsërisni në anën tjetër.

c) Hiqeni bukën nga furra dhe lëreni mënjanë. Përdorni prerësin fantazmë të biskotave për të prerë 8 forma fantazmash nga fetat e djathit të bardhë. Me një thikë të vogël të mprehtë, hapni dy vrima në çdo fetë djathi të bardhë. Sigurohuni që "sytë" të jenë mjaftueshëm të mëdhenj për të qëndruar hapur kur djathi shkrihet. Pritini ullinjtë e zinj në gjysmë për së gjati.

d) Vendoseni në fetat e bukës fantazmë ku do të shkojnë sytë e fantazmave. Vendosni 1 fetë djathë të bardhë në formë fantazmë mbi 1 fetë bukë fantazmë me vrima për sytë mbi ullinj. Përsëriteni me bukën e mbetur fantazmë dhe djathin e bardhë.

e) Përdorni prerësin e biskotave të kungujve për të prerë 8 forma kungulli nga feta djathi portokalli. Pritini 2 vrima për sytë dhe gojën në secilën fetë djathi. Mbuloni sipërfaqen e fetave të bukës së kungujve me ullinj të zinj të grirë. Pritini ullinjtë e gjelbër në gjysmë për së gjati.

f) Vendosni një fetë ulliri të gjelbër në kërcell dhe prisni që të përshtatet. Sipër bukës dhe ullinjve vendosni djathë portokalli. Vendosni feta pimento në vrimën e gojës për gojën.

g) Vendosini të gjithë sanduiçët në një fletë pjekjeje dhe vendosini nën broiler derisa djathi të shkrihet pak, 1 deri në 2 minuta. Jep 16 sanduiçe.

86. Djathë dhie të pjekur në skarë në gjethe rrushi të freskët

Rendimenti: 16 racione

Përbërësit:

- 16 gjethe të mëdha të reja të rrushit të freskët
- (ose gjethe rrushi të paketuara në shëllirë)
- 1 kile Djathë dhie të thërrmuara si Montrachet
- ½ filxhan vaj ulliri ekstra i virgjër; plus
- 1 lugë gjelle vaj ulliri ekstra i virgjër
- Piper i zi i sapo bluar

Drejtimet

a) Thithni gjethet e freskëta të rrushit në ujë me akull për të paktën 30 minuta. Thajeni përpara përdorimit. Shpëlajini gjethet e paketuara në shëllirë, nëse përdorni, dhe thajini.

b) Pureeni së bashku djathin dhe 1 lugë gjelle vaj. Le menjane. Hiqni kërcellet nga gjethet e rrushit.

c) Hidhni $\frac{1}{2}$ filxhan vaj të mbetur në pjatë të cekët. Lyejeni pjesën e poshtme të 1 gjetheje në vaj. Vendoseni fletën, me anën e lyer me vaj lart, në sipërfaqen e punës. Vendosni 1 lugë gjelle përzierje djathi në qendër të gjethes dhe rregulloni me bluarje bujare të piperit.

d) Palosni anët dhe skajet e sipërme dhe të poshtme të gjethes mbi djathë për të bërë katror. Vendoseni nga ana e qepjes poshtë në pjatë të pastër. Përsëriteni me gjethet e mbetura.

e) Grijini mbi qymyr mesatar të nxehtë, me anë të tegelit poshtë, derisa gjethet të mos jenë më të gjelbra të ndezura dhe të piqen mirë, rreth 2 minuta. Kthejeni dhe grijeni anën tjetër për rreth 2 minuta. Ose ziejini afër burimit të nxehtësisë. Jep 16 gjethe.

87. Djathë italian i pjekur në skarë

Rendimenti: 4 porcione

Përbërësit:

- 4 feta bukë italiane; 1 inç i trashë
- 4 feta djathë mocarela ose djathë provolone
- 3 vezë
- ½ filxhan qumësht
- ¾ lugë çaji erëza italiane
- ½ lugë çaji kripë hudhër
- ⅔ filxhan thërrime buke me stazhion italian

Drejtimet

a) Prisni një xhep 3 inç në çdo fetë bukë; vendosni një fetë djathë në çdo xhep. Në një enë rrihni vezët, qumështin, erëzat italiane dhe kripën e hudhrës; thith bukën për 2 minuta në secilën anë. Lyejeni me thërrime buke.

b) Gatuani në një tigan të nxehtë të lyer me yndyrë deri në kafe të artë nga të dyja anët.

88. Sanduiç me djathë dhe domate me fytyrë të hapur

Rendimenti: 3 racione

- 3 feta bukë organike në rrumbullakët 1" të trashë
- 1 domate; feta 1/2 inç të trashë
- 6 feta djathë çedër i bardhë; prerë në trekëndësha
- Kripë; për shije
- Piper i zi i freskët i bluar; për shije

Drejtimet

a) Pjekni bukën në furrë me bukë. Vendosni djathin çedër sipër bukës.

b) I pjekim në furrë derisa djathi të shkrihet.

c) Sipër djathi me feta domate. I rregullojmë me kripë dhe piper sipas shijes. Shërbejeni. Bën 3 sanduiçe me fytyrë të hapur.

89. Brumë i thartë, domate, djathë i kuq dhe blu

Rendimenti: 4 racione

Përbërësit:

- 1 domate e madhe biftek i kuq; feta
- 1 domate e madhe biftek i verdhë; feta
- 1 qepë e madhe e Bermudës së Kuqe; feta
- ¼ filxhan vaj ulliri
- 2 lugë Rigano të thatë
- Kripë; për shije
- Piper i zi i freskët i bluar; për shije
- 1 bukë sanduiç me brumë të thartë; feta
- Gjalpë; në temperaturën e dhomës
- 2 lugë gjelle gjethe rozmarine të freskëta; i copëtuar
- Piper i zi i sapokrisur
- 1 tufë e vogël gjethe rukole; larë mirë
- 8 ons Djathë blu; i shkërmoqur

Drejtimet

a) Lyejmë me vaj domatet dhe fetat e qepës, i spërkasim me rigon dhe i rregullojmë me kripë dhe piper. Ziejini shpejt perimet në skarë nga të dyja anët derisa të karbonizohen mirë. Fërkoni feta të brumit të thartë në një thotë dolli ose nën një brojler.

b) Lyeni bukën e thekur me një lyerje të lehtë me gjalpë të butë, mbi bukën e lyer me gjalpë spërkatni rozmarinën e grirë dhe spërkatni lehtë me piper të zi.

c) Përgatitni sanduiçët duke shtruar gjethet e rukolës, domatet e pjekura në skarë dhe qepën mbi gjysmën e fetave të brumit të thartë. Rezervoni bukën e paplotësuar për majat e sanduiçëve. Përhapeni djathin blu të grimcuar sipër perimeve dhe kaloni shpejt sanduiçët e hapur nën një brojler.

d) Hidhni sipër një fetë tjetër bukë të thekur dhe shërbejeni.

90. Portobello Po'Djemtë

Bën 4 po'boys

Përbërësit:

- 3 lugë vaj ulliri
- 4 tapa kërpudhash Portobello, të shpëlarë lehtë, të thara dhe të prera në copa 1 inç
- 1 lugë çaji erëza Cajun
- Kripë dhe piper i zi i sapo bluar
- 1/4 filxhan majonezë vegane
- 4 role sanduiçësh me kore, të përgjysmuara horizontalisht
- 4 feta domate te pjekura
- 11/2 filxhan marule rome të grira
- Salcë tabasko

Drejtimet

a) Në një tigan të madh, ngrohni vajin mbi nxehtësinë mesatare. Shtoni kërpudhat dhe ziejini derisa të marrin ngjyrë kafe dhe të zbuten, rreth 8 minuta.

b) I rregullojmë me erëza Cajun dhe kripë e piper për shije. Le menjane.

c) Përhapeni majonezë në anët e prera të secilës prej roleve.

d) Vendosni një fetë domateje në fund të çdo roleje, sipër me marule të grirë. Sipër i rregullojmë copat e kërpudhave, i spërkasim me Tabasko sipas shijes, sipër i hedhim gjysmën tjetër të rolesë dhe i shërbejmë.

91. Sanduiçe të lëmuara Bulgur

Bën 4 sanduiçe

Përbërësit:

- 1¾ gota ujë
- 1 filxhan bulgur me grirje mesatare
- Kripë
- 1 luge vaj ulliri
- 1 qepë e vogël e kuqe, e grirë
- 1/2 piper zile të kuqe mesatare, të grirë
- (14,5 ons) domate të grimcuara
- 1 luge sheqer
- 1 lugë gjelle mustardë kafe e verdhë ose pikante
- 2 lugë çaji salcë soje
- 1 lugë çaji djegës pluhur
- Piper i zi i sapo bluar
- 4 role sanduiçësh të përgjysmuar horizontalisht

Drejtimet

a) Në një tenxhere të madhe vendosim ujin të vlojë në zjarr të fortë. Hidhni bulgurin dhe kriposni pak ujin. Mbulojeni, hiqeni nga zjarri dhe lëreni mënjanë derisa bulguri të zbutet dhe uji të thithet, rreth 20 minuta.

b) Ndërkohë në një tigan të madh ngrohim vajin në zjarr mesatar. Shtoni qepën dhe piperin, mbulojeni dhe ziejini derisa të jenë të buta, rreth 7 minuta. Përzieni domatet, sheqerin, mustardën, salcën e sojës, pluhurin djegës dhe kripën dhe piperin e zi sipas shijes. Ziejini për 10 minuta, duke e përzier shpesh.

c) Hidhni me lugë përzierjen e bulgurit në gjysmën e poshtme të secilit prej roleve, sipër me gjysmën tjetër dhe shërbejeni.

92. Sanduíçe Muffaletta

Bën 4 sanduiçe

Përbërësit:

- 1 filxhan ullinj kalamate pa koriza të grira
- 1 filxhan ullinj jeshil të mbushur me pimiento të copëtuara
- 1/2 filxhan pepperoncini të copëtuar (speca turshi)
- 1/2 filxhan speca të kuq të pjekur në kavanoz
- 2 lugë gjelle kaperi
- 3 qepë të njoma, të grira
- 3 domate kumbulla, të grira
- 2 lugë majdanoz të freskët të grirë
- 1/2 lugë çaji borzilok i tharë
- 1/2 lugë çaji trumzë e thatë
- 1/4 filxhan vaj ulliri
- 2 lugë gjelle uthull vere të bardhë

- Kripë dhe piper i zi i sapo bluar
- 4 role sanduiçësh me kore, të përgjysmuara horizontalisht

Drejtimet

a) Në një enë mesatare bashkojmë ullinjtë e kalamatës, ullinjtë jeshil, peperoncinin, specat e kuq, kaperin, qepët e njoma, domatet, majdanozin, borzilokin, trumzën, vajin, uthullën dhe kripën dhe piperin e zi sipas shijes. Le menjane.

b) Nxirrni disa nga pjesa e brendshme e rrotullave të sanduiçit për të lënë vend për mbushjen. Hidhni përzierjen e mbushjes me lugë në gjysmën e poshtme të roleve, duke e paketuar lehtë. Mbushni me gjysmat e mbetura të roleve dhe shërbejeni.

Pjatat ANËSORE

93. Supë domate

Shërben 4

Përbërësit:

- 1 lugë gjelle gjalpë
- 1 qepë, e grirë
- 1 thelpi hudhër, e prerë
- 1 ½ lugë çaji miell
- 3 gota lëng mishi pule ose perimesh
- 14 ons domate të konservuara
- 1 gjethe dafine
- Kripë
- Piper i zi
- 2 lugë pesto borziloku
- 1-2 lugë krem të trashë
- 8-12 gjethe borzilok të freskët, të grirë në copa të vogla

Drejtimet

a) Shkrini gjalpin në një tenxhere të madhe me fund të rëndë, më pas shtoni qepën dhe hudhrën dhe ziejini butësisht në zjarr mesatar-të ulët, derisa të zbuten dhe të anojnë drejt ngjyrës së artë, por jo të skuqen.

b) Spërkateni me miell dhe gatuajeni, duke e trazuar, rreth 1 minutë, më pas derdhni lëngun dhe shtoni domatet me lëngjet e tyre, si dhe gjethen e dafinës, kripën dhe piperin sipas shijes. Lëreni të vlojë, më pas ulni zjarrin në minimum, mbuloni tiganin dhe ziejini butësisht për 15 deri në 20 minuta.

c) Hiqni gjethen e dafinës dhe hidheni. Me një lugë të prerë, hiqni lëndët e ngurta të supës në një përpunues ushqimi ose blender dhe bëni pure, duke shtuar lëngun aq sa nevojitet për një përzierje të butë. E kthejmë purenë në tenxhere duke e trazuar për ta bashkuar me lëngun e mbetur.

d) Ngroheni, shtoni peston, shijoni për erëza dhe shërbejeni. Zbukuroni çdo tas me një spërkatje kremi ose një spërkatje kremi dhe një spërkatje me gjethe të freskëta borziloku.

94. Kungull i njomë dhe bukë verore me kunguj

Bën rreth 4 kuart kavanoza

Përbërësit:

- Plotësisht e shijshme me ushqime gjithë-amerikane gjatë verës si burgerë të pjekur në skarë ose shkrirje të tonit.

- 4-5 paund kungull i njomë ose kungull veror (çdo madhësi), i prerë në feta ose copa ¼ deri në ½ inç

- 6 qepë të bardha, të prera në feta për së gjati

- 1 spec zile jeshile, i grire

- 1 spec i kuq zile, i grire

- 5 thelpi hudhër, të prera në feta

- ½ filxhan kripë të trashë

- Rreth 3 gota akull të plasaritur trashë

- 5 gota sheqer kaf të paketuar

- 3 gota uthull musht

- 3 lugë fara mustarde

- 1 lugë shafran i Indisë

- 1 lugë fara selino

Drejtimet

a) Në një tas ose tenxhere të madhe, jo reaktive, kombinoni kungull i njomë, qepët, specat dhe hudhrat me kripën dhe akullin. Hidheni mirë dhe lëreni të qëndrojë për 3 orë. Kullojeni lëngun nga perimet.

b) Në një tenxhere të rëndë, të madhe dhe jo reaktive, kombinoni perimet e kulluara me sheqerin kaf, uthullën e mushtit, farat e mustardës, shafranin e Indisë dhe farat e selinos.

c) Ngroheni së bashku deri në valë. Hidheni në kavanoza të sterilizuara dhe mbylleni sipas udhëzimeve të kavanozit.

95. Speca të pjekura të ëmbla dhe të tharta

Bën rreth 2 gota

Përbërësit:

- 3 speca zile të kuqe ose 2 speca të kuq dhe 1 të verdhë
- Rreth 2 lugë gjelle verë të butë të bardhë ose uthull verë të kuqe
- 1 thelpi hudhër, e prerë
- 1 lugë çaji sheqer Kripë

Drejtimet

a) Piqini specat mbi një flakë të hapur në majë të një sobë me gaz, ose nën brojler.
b) I vendosim specat pranë burimit të nxehtësisë dhe i kthejmë teksa piqen duke i lënë të shkrihen në mënyrë të barabartë.
c) Hiqni specat nga zjarri dhe vendosini në një qese plastike ose në një tas. Mbyllni ose mbulojeni fort dhe lëreni në avull për të paktën 30 minuta; avulli do të ndajë

lëkurën nga mishi i specave. Specat mund të lihen në çantën ose tasin e tyre deri në një natë.

d) Qëroni dhe hidhni lëkurën e zezë të djegur të specave, më pas hiqni kërcellin dhe farat. Shpëlajeni pjesën më të madhe të pjesëve të vogla të materialit të zi të karbonizuar nga mishi duke i vendosur nën ujë të rrjedhshëm dhe duke i fërkuar aty-këtu. Disa njolla lëkure të nxirë, si dhe zona me spec të paqëruar të mbetura pas, janë mirë.

e) Pritini specat dhe vendosini në një tas me uthull, hudhër, sheqer, një majë të madhe kripë dhe rreth 1 lugë gjelle ujë.
Mbulojeni fort dhe ftohuni për të paktën një ditë.

96. Mustardë Chutney-curry

Bën ½ filxhan

Përbërësit:

- ¼ filxhan i butë Dijon ose mustardë me kokërr të plotë me 1 filxhan chutney mango

- ½ lugë çaji pluhur kerri

Drejtimet

a) Kombinoni gjithçka.

97. Mustardë me qepe dhe qiqra

Bën ¼ filxhan

Përbërësit:

- ¼ filxhan mustardë të butë Dijon
- 1-2 qepe, të grira hollë
- 2 lugë qepë të freskët të grirë

Drejtimet

b) Kombinoni gjithçka.

98. Mustardë e freskët me xhenxhefil

Bën rreth ¼ filxhan

- 2 lugë mustardë të butë Dijon
- 2-3 lugë mustardë me kokërr të plotë
- 1-2 lugë çaji xhenxhefil të sapo grirë të qëruar, për shije

Drejtimet

a) Kombinoni gjithçka.

99. Mustardë e lagur nga dielli me agrume

Bën rreth ¼ filxhan

Përbërësit:

- ¼ filxhan mustardë të butë Dijon

- ½ lugë çaji lëvore limoni ose gëlqereje të grirë hollë

- 1-2 lugë çaji lëng limoni ose gëlqereje të freskët

Drejtimet

a) Kombinoni gjithçka.

100. Mustardë provansale me piper të kuq dhe hudhër

Bën rreth ¼ filxhan

Përbërësit:

- 3 lugë mustardë të butë Dijon
- 1 lugë gjelle piper i kuq i pjekur imët
- 1 thelpi hudhër, e grirë imët
- Një majë e madhe barishtesh në Provence

Drejtimet

a) Kombinoni gjithçka.

PËRFUNDIM

Djathi i përulur i pjekur në skarë është një nga ato ushqime që ne e duam si fëmijë, por kurrë mos mendoni pse ka kaq shumë kontroll mbi sythat tanë të shijes. ... është për shkak të aromës së pestë, umami, dhe veçanërisht një aminoacidi që gudulis sythat tanë të shijes për të përjetuar aromën unike të një sanduiçi me djathë të pjekur në skarë!

www.ingramcontent.com/pod-product-compliance
Lightning Source LLC
Chambersburg PA
CBHW070504120526
44590CB00013B/741